CPSIA information can be obtained
at www.ICGtesting.com
Printed in the USA
LVHW081725291022
731826LV00002B/365

9 781778 198229

الأبله الحكيم

Author/Publisher
Khaled Homaidan

Toronto – Canada

Reference # CMC26/22
Phone: 1.647.977.6677 – 1.647.242.0242
E-Mail: cmcmedia@rogers.com

المجموعة الكاملة

(1)

- الأبله الحكيم -

منشورات خالد حميدان
تورنتو – كندا

الطبعة الرابعة – 2022

خالد حميدان

طبعة منقحة ومتضمنة رسالة الأديب ميخائيل نعيمة

الأبلهُ الحكيم

الطبعة الثالثة - 2011

Author: Khaled Homaidan — المؤلف: خالد حميدان

Publisher: Khaled Homaidan
khaled.homaidan@gmail.com

Address: 58 Pinecrest St. Markham ON, L6E 1C2 Canada

Title: المجموعة الكاملة (1) الأبله الحكيم

Language: Arabic

Reference #: CMC26/22

ISBN: 978-1-7781982-2-9

****

الرسوم للفنان رئبال نصر
تصميم الغلاف والإخراج للمؤلف
*****

طبعة رابعة منقحة ومضاف إليها
جميع الحقوق محفوظة

All rights reserved © Khaled Homaidan 2022

Phone: 1.647.242.0242

E-Mail: khaled.homaidan@gmail.com

الإهداء

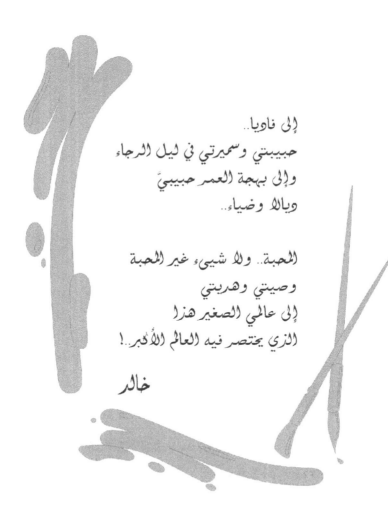

إلى فاديا..
حبيبتي وسميرتي في ليل الرجاء
وإلى بهجة العمر حبيبيَّ
ديالا وضياء..

المحبة.. ولا شيىء غير المحبة
وصيتي وهديتي
إلى عالمي الصغير هذا
الذي يختصر فيه العالم الأكبر..!

خالد

في صيف العام 1972، ميخائيل نعيمه يتوسط خالد حميدان وجوزيف عازار بين صخور "الشخروب" في جبال صنين..

ميخائيل نعيمه
بسكنتا - لبنان

١٥ شباط ١٩٧٤

عزيزي خالد

يستهويني في كتابك «الأبله الحكيم» نفَس شعري أصيل ونزعة باطنية لا تترهّب الغوص إلى الأعماق، ولا تتلهّى بظواهر الأمور عن بواطنها. ولذلك فهي تخاطب الناس بجنس من الجرأة:

«أيها العابثون بخشية الله، ولا تتقربوا أوكار الظلام، ولا تواكبوا قافلة الضباب إن كنتم تقصدون النور. واعلموا أنكم تسيرون في نفق من الضلال لن تهتدوا فيه طالما بغير ذكر الحق. وإن ذكرتم الحق في أنفسكم فإنكم ستُرشَدون».

تمنيت لو أنك وضعت «الأبله» في إطار فني يليق بالحكمة التي تنزلق من لسانه وبالنفثات الشعرية التي تصعد من وجدانه.

لستُ أريد أن يفوتني التنويه بحسن ذوق وجمال نظر الذي وضع رسوم الكتاب، وبحسن ذوقك أنت في إخراجه. مباركة باكورتك والروح التي تمخضت عنها.

المحب
ميخائيل نعيمه

مقدمة الطبعة الثانية

"الأبله الحكيم" وميخائيل نعيمة..!

"الأبله الحكيم" وميخائيل نعيمة..!

تورنتو - كندا - 2008/6/4

من هو "الأبله الحكيم"..؟

لم تأتِ تسمية كتابي بـ "الأبله الحكيم" من الفراغ أو العدم. بل جاءت وصفاً لحالة يعيشها معظم كتابنا ومبدعونا وعظماؤنا في عالمنا العربي، حيث لا نبياً في وطنه، هذا الوطن الذي اعتاد على تكريم أنبيائه والاعتراف بتفوقهم فقط، بعد رحيلهم إلى جوار الله.. وكأني بالأبله الحكيم يمثل كل مبدع في بلادنا لا بل كل نبي من أنبيائنا الذين قاربت أرواحهم الحكمة الالهية حتى صعب على العامة فهمها فأطلقوا عليهم، ظلماً وجهلاً، سهام "البلاهة"..

وهذا التوصيف لا ينطبق على المفكر والفيلسوف والناقد والشاعر، أديبنا الكبير ميخائيل نعيمة وحسب، وإنما على كل متفوق من بلادنا أياً كان مجاله. ومن المؤسف أن يستمر مثل هذا التخلف بين مواطنينا (تمشياً مع العادات والتقاليد) في عصر شاعت فيه الثقافات والعلوم وقصرت فيه المسافات واتسعت دائرة المعارف من خلال تكنولوجيا لا تعرف المستحيل. ويأتيك بعد كل هذا من يدّعي المعرفة وهو يجهل حتى كبار صانعيها من المحلقين والمبدعين الذين باتت أسماؤهم من البديهيات، وكأني بادعاء هذا القاصر ما يفضح غباءه وجهله لأبسط الأشياء.

لقد عانى صديقنا "ناسك الشخروب" الكثير ممن تناولوه بالنقد والشك والاتهام، فنسبوا إليه أقوالاً لم يتفوه بها أو مواقفَ لم يتخذها لا بل أدخلوه في روايات لم يكن له فيها علم أو دور. ولا يمكن تصنيف مثل هذه الافتراءات إلا في إطار الادعاء وحب الظهور على حساب

شهرة الأديب الكبير. ولا يخفى كيف اختار نعيمة أحضان الطبيعة ملاذاً ليسرح فيها فكره وخياله وكان يقصد منطقة الشخروب في جبل صنين، القريبة من بلدته بسكنتا، حيث كان يجلس للتأمل والكتابة. أما اللجوء إلى الطبيعة، إلى جانب طلبه للراحة وصفاء الذهن، فكان هروباً من الجلجلة الفارغة والألسن المفترية الناقدة التي كانت تتناوله بين الحين والآخر. وكان أبرز هذه الافتراءات ما نسب إليه عن علاقته بجبران خليل جبران إذ ادعى البعض بأنه عمد إلى التجريح بأدب وفكر جبران من باب الأنانية وحب الذات وطمعاً في أن يظهر معتلياً المرتبة الأدبية الأولى دون منازع.

نشير هنا، وليس من باب التوسع في هذا الاشكال الذي تناوله الكثيرون من الكتاب والنقاد ولكن من باب التذكير والتأكيد، على أن نعيمة كان الأقرب إلى جبران من كل الذين عاصروه ورافقوه سواءً في العمل الجاليوي في المغترب الأميركي أم في زمالة "الرابطة القلمية" أم على صعيد الصداقة الشخصية. وقد لفظ جبران أنفاسه الأخيرة وهو بين يدي نعيمة الذي لم يفارقه أبداً طوال الأيام التي سبقت وفاته. هذه الرواية وكثير غيرها سمعتها شخصياً على لسان أديبنا الكبير ميخائيل نعيمة الذي كان يرويها بأدق التفاصيل وبشيء من التأثر والتحسر على "النبي" جبران خليل جبران الذي رحل في سن مبكرة. وكان يعلق قائلاً (وقد سمعت هذا التعليق بنفسي في أكثر من جلسة): "أعتقد أنه لو تسنى لجبران أن يعيش أطول لكان أتحفنا بما يحدث الدهشة"..

والمفارقة الساذجة هنا أنه لم يرد في بال الذين ادعوا أو انتقدوا، أن يدرسوا طبيعة العلاقة الأدبية والروحية التي كانت قائمة بين المفكرين العملاقين جبران ونعيمة، حتى ولو تناول أحدهما الآخر بالنقد والتحليل، بل اكتفوا بما تفرز به مخيلتهم من افتراضات واستنتاجات سطحية لينسجوا بها ما تطاله خيالاتهم من صور وحكايات.. وبكل بساطة نقول، لو كانت نية نعيمة تتجه إلى التجريح

بجبران والانتقاص من مكانته الأدبية لما أصدر كتاباً بعنوان "جبران خليل جبران" عام 1936 ولما أقدم على نقل كتاب "النبي" (وهو أبرز مؤلفات جبران) من الانكليزية إلى العربية، فضلاً عن الاشارة إلى فكره وأدبه في عدد من المقالات المتفرقة التي وردت هنا وهناك.

لم يكن ميخائيل نعيمة الوحيد في مواجهة الافتراءات. كذلك عانى مفكرون كثيرون في بلادنا من تعليقات وانتقادات جاهلة، نذكر منهم: جبران خليل جبران، سعيد تقي الدين، أنطون سعادة، نزار قباني، عمر أبو ريشة، كمال جنبلاط،، كلوفيس مقصود، غريغوار حداد واللائحة تطول.. والقاسم المشترك بين هؤلاء كان التفوق، كل في مجاله، والعمل الدؤوب من أجل مجتمع أفضل تسوده المعرفة وقيم الحق والخير والجمال. ولكن المجتمع لم يتفاعل مع فكرهم بالايجابية والتقدير، بل نبذهم وواجههم بالنقد والتشكيك والاتهام. ومن المؤسف ألا يكرم هؤلاء في حياتهم و"ما نفع التكريم بعد الوفاة" على حد تعبير عبد الله قبرصي غداة تكريمه في لندن وكان قد قارب الثمانين من عمره إذ قال: "أليس جميلاً أن أسمع تأبيني أو أقرأه، عوضاً عن تلاوته فوق جثماني، وأنا لا أسمع ولا أقشع..؟"، هذا فضلاً عن أن التكريم يعطي زخماً معنوياً لصاحبه ما يساعده على الانتاج والابداع بينما يعمل الجهل والتجاهل، إذا ما تفاقم، على الشح والاحباط. وفي ذات المجال يقول أنطون سعادة: "إن الشعوب الغبية تفعل برجالها ما تفعله الأطفال بألعابها، تحطمها ثم تبكي طالبة غيرها". هذه هي الحال في بلادنا التي نفاخر بحضارتها وتقدمها في محيطها الجغرافي. وهذه هي حال مفكرينا ومتفوقينا الذين تصح تسمية كل منهم بـ "الأبله الحكيم" ذلك أنهم اتهموا بالانحراف و"البلاهة" في وقت كان فكرهم "الحكيم" سابقاً لعصرهم وربما وقعت الهوة بينهم وبين العامة بسبب هذا الفارق الفكري الكبير.

هذا ما يرمز إليه "الأبله الحكيم" في الشكل. أما في المضمون، يبدو للقارىء وكأن هناك تناقضاً في التسمية. غير أنني قصدت هذه التسمية مع التأكيد على أن لا تناقض فيها على الاطلاق لأنها تعبّر عن واقع الانسان وحقيقته، فالأبله الحكيم هو كل واحد منا، في فعله وانفعاله، في إقدامه وإحجامه، في عزمه ويأسه. وأعتقد جازماً بأن الذات البشرية تحتوي في داخلها على قوتين متصارعتين أبداً هما "البلاهة" و "الحكمة" تكون الغلبة لإحداها في كل فعل يأتيه الانسان على حدة. فاذا ما انتصرت البلاهة على الحكمة يأتي الانسان أفعال الخطأ التي قد تؤدي إلى الشر. وعلى العكس اذا ما انتصرت الحكمة على البلاهة، فإنه يأتي الأفعال الصائبة التي تؤدي حتماً إلى الخير.. ويتوقف هذا على كيفية تعامل الانسان مع الحدث بالفعل أو ردة الفعل.

إذن الخير والشر هما نتيجة لفعل الانسان فيما يأتيه آنياً في كل فعل على حدة، وليس كما هو شائع على أنهما خياران يلجأ الانسان إلى أحدهما ويلتصق به إلى ما لا نهاية. فالبلاهة التي نعنيها في هذا السياق، تتمثل في عدم تيقظ الانسان إلى ذاته ودوره الانساني وهي تكمن في الذات البشرية كما الحكمة. ويأتي النداء الذي أطلقه في هذا الكتاب، دعوةً جادةً من أجل تعميق الحكمة في ذاتنا لتكون منتصرة دائماً على البلاهة فيها.

*****

قصتي مع الأديب الكبير!

أما قصتي مع الأديب الكبير ميخائيل نعيمة، فهي تبدأ منذ عهد الطفولة وعلى مقاعد الدراسة تحديداً يوم كنت أقرأ له المقطوعات الأدبية والشعرية الواردة في كتب القراءة إذ كنت أتمنى لو ألتقيه الأديب والشاعر شخصياً للتعبير له عن تعلقي الشديد بأسلوبه ونهجه الفكري. غير أن رغبتي هذه لم تتحقق إلا بعد الانتهاء من دراستي الجامعية وبداية حياتي العملية وكان قد تسنى لي مطالعة بعض

مؤلفاته المنشورة ومنها "سبعون"، "الغربال"، "المراحل"، "البيادر"، "اليوم الأخير"، وخاصة كتاب "مرداد" وفيه الكثير من شخصية نعيمة وفكره الفلسفي. وكانت المرة الأولى التي ألتقيه بها، مصافحاً ومحدثاً ومستمعاً، لدى زيارتي له برفقة صديقيَّ المطرب جوزيف عازار والأديب جوزيف حنا. وكان نعيمة يقيم آنذاك في شقة في بلدة "الزلقا" القريبة من العاصمة بيروت وكانت تقيم معه بصفة دائمة ابنة أخيه "مي" وابنتها "سهى"، عرفنا فيما بعد، أنه كان المقر الشتوي لإقامته بينما كان يقضي معظم أيام الربيع والصيف في بلدته بسكنتا. تم هذا اللقاء في شتاء العام 1971 وكان قد هيأ له صديقنا الأستاذ جوزيف حنا.

كانت هذه الزيارة فاتحة خير إذ توالت اللقاءات بعدها خلال العامين 1972 و 1973 بين "الزلقا" و"بسكنتا"، ودائماً برفقة الصديقين جوزيف عازار وجوزيف حنا، حتى أصبحت تتم بشكل دوري، مرة كل أسبوع أو أسبوعين على الأكثر، وكانت تدور بيننا شتى أنواع الأحاديث الأدبية والفلسفية وكان يستمتع هو بمناقشاتنا وأسئلتنا وآرائنا كما كنا نستمتع نحن بالسماع إلى آرائه وفلسفته في الكون والحياة التي باتت لديه كالثوابت. وكان يتخلل بعض السهرات الموسيقى والغناء من تقديم الـ "الجوزفين" جوزيف عازار بصوته "الباريتوني" وجوزيف حنا بعزفه الدافيء على العود. وكان نعيمة يغيب في تأملاته وهو يستمع إلى الموسيقى والغناء وكأنه يعوض في هذه الدقائق القليلة عما فاته من استماع واستمتاع طيلة عمره الطويل. وقد شدد أستاذنا الكبير على استمرار مثل هذه اللقاءات لما كان يكنه لنا من محبة ولما كانت مثل هذه الاجتماعات تؤثر وتفعل في نفسه وهو ابن الرابعة والثمانين من العمر (1973) بينما توزعت أعمارنا نحن الثلاثة دون الثلاثين. وفي مرحلة متقدمة كان يعمد إلى دعوة بعض الأنسباء والأصدقاء إلى العشاء كلما قررنا موعداً للسهرة، وكان عدد المدعويين يفوق الأربعين أو الخمسين

أحياناً، وكانت هذه فرصة لنا للتعرف إلى معظم أفراد عائلة نعيمة في بسكنتا وفي مقدمتهم ابن أخيه الأستاذ الجامعي والكاتب المعروف الدكتور نديم نعيمة.

وفي صيف العام 1973، من باب المبادلة بالمثل بحسب المجاملات اللبنانية أو قل من باب الاعتداد بالنفس أو "حب الظهور" ربما، أقمت للأديب الكبير حفلة عشاء تكريمية في مطعم "أبيمار" الواقع على طريق سوق الغرب ـ شملان في قضاء عاليه (وكنت أملك هذا المطعم بالشراكة وكنت أنا من اختار اسم " أبيمار" تيمناً بشخصية وهمية أوردها ميخائيل نعيمة في كتابه "مرداد"، من قبل أن أتعرف إليه شخصياً). وقد ضمت السهرة جمعاً من الأقرباء والأصدقاء وعدداً من رجال الأدب والصحافة والفن، أذكر منهم على سبيل المثال الأديب والشاعر جوزيف حنا والمحامي الشاعر عارف الأعور والصحافي مراد الخوري والفنان جوزيف عازار والمطربة سامية كنعان. وقد شارك جميع هؤلاء في إحياء السهرة احتفاءً بالضيف الكبير بعد الكلمة التي ألقيتُها في البداية ترحيباً به ومعرّفاً بكتاب "مرداد" حيث انتقيت اسم "أبيمار": من كلمة للصحافي مراد الخوري إلى قصيدة للشاعر جوزيف حنا وأخرى للمحامي عارف الأعور، كما شارك كل من جوزيف عازار وسامية كنعان بأحلى الأغاني والمواويل اللبنانية على أنغام فرقة ليالي لبنان الموسيقية بقيادة الفنان نعيم حميدان. وكان كلما قدم أحدهم مشاركته، خصّ المحتفى به بكلمة تقدير ومحبة مع التعبير عن فرحته بهذه الفرصة النادرة التي أتاحت له اللقاء بالأديب الكبير. وكان نعيمة يرد على التكريم والحفاوة شاكراً بهز الرأس. وفي وقت متقدم من السهرة، اتجه الصديق مراد الخوري إلى حيث كان يجلس نعيمة وتقدم منه هامساً في أذنه: "هل ترغب في كلمة تقولها بالمناسبة؟" مشيراً إلى الميكروفون في يده.. فأجاب على الفور وهو على كرسيه: " كلمة واحدة فقط.. أود أن أشكر جميع الذين تفضلوا بالكلام وأحاطوني

بنبل عاطفتهم وأخص بالشكر صاحب الدعوة الأستاذ خالد حميدان الذي أتاح لنا جميعاً هذا اللقاء الجميل".. ثم أضاف مازحاً: "قد تظنون أنكم أنتم الرابحون لوجودي بينكم اليوم كما أفصح عن ذلك المتكلمون وكثيرون من الحاضرين، والحق أقول لكم، إنني أنا الرابح الوحيد. فإن كان لكم هذه الليلة أن تتعرفوا إلى وجه واحد، فأنا قد تعرفت إلى عشرات الوجوه.. فقولوا لي بربكم من هو الرابح..؟"

المحاولة الأولى..
كانت تلك اللقاءات التي تجمعني ورفاقي بأستاذنا الكبير، المحفز الأكبر للمطالعة والتنقيب في الكتب الأدبية والفلسفية بقصد التمكن من المواضيع التي ستطرح في الجلسات المتتالية، من باب الرغبة في أن أكون مشاركاً في نقاشات الجلسة وليس مستمعاً وحسب. وقد ساعد هذا على فتح شهيتي على الكتابة الأدبية والوجدانية فيما بعد، فأخذت بكتابة القطعة تلوَ الأخرى كلما سنحت الفرصة حتى أصبحت لدي مجموعة متكاملة تتحدث بمجملها عن المحبة. فالكتابة بالنسبة لي، كانت مظهراً للمعاناة الانسانية وقد جاءت نتيجة لتفاعلات واختبارات على مدى سنوات طويلة وبالتالي لم اختر الأسلوب بل كان حرصي دائماً أن أنقل هذه الخلجات الداخلية إلى صور خارجية معبّرة. فالعودة إلى المحبة وما يستتبعها من تطلعات روحانية، تجعلنا نتمسك أكثر فأكثر بالقيم الانسانية التي أخذ الواحد منا يبتعد عنها لتعلقه بالمادة. وحيث لا مكان للمثالية في حياتنا الأرضية، فإن فعل المحبة هو السبيل الوحيد للاقتراب من القيم والمثل العليا ولو كان الاتصال فيها مستحيلاً..

سئلت مراراً في مقابلات تلفزيونية وإذاعية وصحافية (على أثر صدور كتاب "الأبله الحكيم"): في أي موقع إنساني تجد نفسك وأنت تتكلم عن المحبة.؟. وكان جوابي في كل مرة واحداً: في موقع كل

إنسان يتطلع إلى الأعلى والى الأسمى، في موقع كل مواطن يسعى إلى خلق مجتمع أفضل. وقد أشرتُ إلى هذا الموقع في ندائي إلى أخي الانسان (الوارد في الكتاب) حيث قلت: " تعال نسر معاً على درب المحبة، فالمحبة تلد الأبطال، ونحن نخلق مجتمعنا عندما نخلق أبطالنا.." فالمحبة هي الاطار الأكبر لجميع القيم الأخرى من تسامح وعطاء، وفرح، وأمل وغيرها، وفيها العودة إلى الحقيقة والتأكيد على الإيمان والخلاص الحتمي للانسان من تعاسته على الأرض..

إذن لدى اكتمال المجموعة الوجدانية، وكان هذا في أواخر العام 1973، قررت نشرها في كتاب وكنت قد فكرت ملياً قبل أن أقرر تسمية الكتاب بـ"الأبله الحكيم" وبالطبع انطلاقاً من المفهوم الذي تعنيه التسمية كما مر معنا آنفاً. وتخيلت وجه "الأبله" (مستوحاً من وجه ميخائيل نعيمة) فرسمت شكله وطلبت من صديقي الرسام الفنان رئبال نصر (الذي أصبح فيما بعد من مشاهير الرسامين اللبنانيين) أن يكمل لوحات الكتاب بحيث يخصص رسماً لكل مقطوعة يتلاءم مع مضمونها. وفرحت جداً حين اكتملت الصورة وأصبحت مواد الكتاب جاهزة للطبع. وبقي شيء واحد: لمن أوكل أمر تقديم الكتاب وهو باكورة إنتاجي الأدبي..؟ ووقع الاختيار على الصديق الأديب جوزيف حنا. هو الاختيار الموفق دون شك، ذلك أنه إلى جانب الصداقة المتينة التي كانت تربطني بالأستاذ جوزيف ومعرفته الشخصية بي على امتداد عدد من السنوات، كان أديباً وشاعراً ومدرساً للغة العربية. وكان قد سبقني في كتابة الأدب الوجداني كما سبقني في الاستحصال على رسالة إعجاب وتقدير من الأديب ميخائيل نعيمة على مؤلفاته المنشورة حتى تاريخه (1973) وهي عبارة عن كتب ثلاثة: "إلى تلميذتي" و"موت نبي جبران" و"قبر نبي جبران".

وصدر الكتاب في مطلع العام 1974 بتقديم الصديق جوزيف حنا ورسوم الصديق رئبال نصر وبمواكبة إعلامية للصديق مراد الخوري. وكنت قد اتفقت مع شركة للتوزيع تولت تسويق الكتاب مع علمي المسبق ويقيني بأنه لن يكون لهذا الكتاب أي أثر في السوق التجاري لكونه يدخل في مصنفات الكتب الأدبية أو الفلسفية التي لا يقبل عليها الناس عادة. وأن أكثر اهتمام دور النشر والتوزيع محصور بالكتب السياسية والجنسية والروايات البوليصية، أي تلك التي تدر عليهم أرباحاً طائلة من المبيعات.. وبالطبع كان علي أن أدفع كامل أكلاف الطباعة من جيبي الخاص والتخلي عن نسبة كبيرة من الأرباح (إذا تحققت) لصالح الشركة التي تولت توزيع الكتاب. هذا ما حصل بالفعل.. أقدمت على هذه التحضيرات كلها ولم أخبر أحداً بالأمر باستثناء جوزيف حنا الذي كان يرافقني إلى المطبعة كل يوم حتى انتهينا من عملية الطباعة. وقد حرّصت هذا الأخير أن يبقي الأمر طيّ الكتمان إلى أن يتم توزيع الكتاب في السوق، وخاصة بالنسبة لأستاذنا الكبير نعيمة ذلك أنني كنت أشعر بالإحراج و"الخوف" كلما خطر ببالي أن ميخائيل نعيمة ـ ذلك الفيلسوف العملاق ـ سيقرأ كتاباتي يوماً ما وأنه دون شك، سيضع الكتاب على مشرحته الفكرية وسينالني منه نقداً وانتقاداً أو ربما استخفافاً بما كتبت.. والفكرة التي لم تفارقني البتة في تلك المرحلة، هي الخوف من الموقف في مواجهة هذا المرجع الفكري الكبير الذي عمّت مؤلفاته العالم أجمع لأهميتها وقد تُرجم البعض منها إلى عدة لغات حيّة. ثم من يكون "خالد حميدان" وماذا يمثل من أدب أو فكر ليفوز باهتمام وتقييم "ميخائيل نعيمة"..؟ صحيح أنه تربطني بالرجل علاقة الصداقة الصافية القائمة على المحبة والاحترام المتبادل (رغم فارق العمر الكبير بيننا)، إلا أنني أعرف جيداً بأن تقييمه لعمل أدبي، أياً كان الكاتب، لن يكون مرتبطاً بتأثير شخصي وبالتالي لن تؤثر تلك العلاقة شيئاً في رأيه الموضوعي. والسؤال الذي كان

يراودني باستمرار.. ماذا سيكون رأي ميخائيل نعيمة في "الأبله الحكيم"..؟ ففضلت كتمان الأمر عنه والهروب من الأفكار التي كانت تقلقني وتأرّقني.

***

صدر الكتاب، كما ذكرت آنفاً، في الشهر الأول من العام 1974، وأخذ الصحافي الصديق مراد الخوري على عاتقه أمر توزيعه على مختلف وسائل الاعلام، مما جعل الكتاب ينتشر بسرعة. وقلما كان يمر يوم خلال الأشهر الأولى من غير أن يكون فيه خبر أو تعليق أو إشارة إلى الكتاب في الصحافة أو الإذاعة أو التلفزيون (وربما هذا ما أثار فضول القراء فأقدموا على شرائه ونفذ الكتاب من السوق بأقل من ستة أشهر). وإزاء هذا الواقع كان ينتابني شعور بالاعتزاز حيناً والخوف أحياناً لأن مع الانتشار والشهرة تكبر المسؤولية وتعظم. وقبل مضي شهر على صدور "الأبله الحكيم"، استضافني تلفزيون لبنان (تلة الخياط) في إحدى فقرات برنامج "نادي الفنون" حيث أجرت معي السيدة فادية الشرقاوي حواراً حول مضمون الكتاب كانت باكورة المقابلات الأدبية التي كثرت لاحقاً ليس في التلفزيون وحسب، بل كذلك في الإذاعة والصحف والمجلات. وهنا كانت المفارقة الكبرى حيث اكتشفت السيدة مي نعيمة أمر إصداري للكتاب من خلال مطالعاتها المتواصلة للمجلات ومشاهدتها اليومية للبرامج التلفزيونية. فجاءت إلى عمها تسأله باستغراب عمّ إذا كان على علم بالأمر وهي لم يخطر ببالها إطلاقاً أنه من الممكن أن أصدر كتاباً من غير الرجوع إلى أستاذنا الكبير، فإن لم يكن بقصد الإستشارة "المهنية" وهو المرجع الذي يقصده الكتاب من كل الأقطار، فمن باب المجاملة والاحترام أو الرغبة في الحصول منه على رسالة أو كلمة خاصة أضمنها الكتاب (كما يفعل الكثيرون).

لم يصدّق نعيمة ما سمعه على لسان مي وكان رده الفوري: "اتصلي بخالد فوراً وادعه لزيارتنا واطلبي منه أن يحضر الكتاب معه".

ساعة الصفر!

وأعترف أنني ذهلت لوقع "الصدمة" عندما تلقيت اتصالاً هاتفياً من السيدة مي (وكان هذا مساء يوم الجمعة من أيام الأسبوع) لتقول لي بعد السلام والكلام: "كلفني عمي الاتصال بك وهو راغب بالتحدث إليك، فما رأيك لو تأتي صباح غد؟ فأجبت على الفور دون تفكير: "وهل هناك ما يدعو للعجلة"؟ قالت: "لا.. ولكن قد يكون الغد مناسباً لأنه يوم عطلة".. ثم تابعتْ: هل ننتظرك على "الصبحية"..؟ لم أجب إذ كنت لا أزال تحت تأثير الدهشة والاستغراب من هذا الاتصال الفريد من نوعه وغير المتوقع.. وقبل أن تشدني الأفكار إلى البعيد، أيقظني صوت مي على التلفون وهي تقول: "اتفقنا.. هل نراك في الغد؟" قلت مضطرباً: "بالطبع إنه شرف كبير!". قالت: إذن نحن بانتظارك! ولا تنس أن تحضر معك "الأبله الحكيم". ثم أضافت بشيء من الدعابة الممزوجة بالعتب: "عمي وأنا، بشوق للاطلاع على إنتاجك الأدبي حتى ولو كنا نحن آخر من يعلم.."

كلام بسيط غير أنه يشبه التحدي لما فيه من العتب والتوبيخ والإحراج في آن معاً، أو على الأقل هذا ما شعرت به عند سماع كلامها، رغم التهذيب واللياقة في الدعوة "المبطنة" التي وجهتها إليّ لزيارة عمّها الأستاذ نعيمة. ولا أخفي أنني لم أتمكن من النوم تلك الليلة لما تزاحم في رأسي من أفكار وتساؤلات وافتراضات باعتبار أنني سأخضع في اليوم التالي إلى التحقيق واللوم في مواجهة الأستاذ الكبير. فماذا عساي أقول لأبرر التقصير واللامبالاة.. فليس هناك من حجة أدعيها أو سبب منطقي أختبىء وراءه. ذلك أن التحضير لكتاب، تأليفاً ومراجعة وطباعة، قد يستغرق أسابيع لا بل أشهراً وليس من مجال للإدعاء بالسهو أو النسيان لعدم الإفصاح عنه. وإذ

بدأت قشعريرة الارتباك والخوف تهز بي، أيقنت أنني وقعت في "الشرك" المحكم، أسير الهواجس والظنون التي كانت تطاردني منذ البداية ونجحت في تجنبها طيلة الأشهر الماضية..

وفي صباح اليوم التالي، حملت نسخة الكتاب التي سأقدمها إلى الاستاذ الكبير واتجهت بسيارتي إلى بلدة "الزلقا" وكل ما فيّ يرتعش لاقتراب موعد الامتحان العسير.. وكنت أقلب بصفحات الكتاب ومراجعة "كلمة الإهداء" كلما توقفت عند إشارة للمرور للتأكد من أن ما كتبت هو خالٍ من الأخطاء أولاً وأنه يليق بشخصية الأديب العملاق ثانياً. وبالمناسبة كنت متعباً للغاية، ليس لأنني أمضيت تلك الليلة "أنحت" في كلمة "الإهداء" وحسب، بل أيضاً لأنه قد أثقلت رأسي الهواجس ورهبة الموقف، وبالتالي لم يغمض لي جفن طوال الليل..

دقت ساعة الصفر وأنا في منزل الأستاذ نعيمة وحيداً في قاعة الضيوف بينما كانت السيدة مي في المطبخ تعمل على تحضير القهوة وبعض الحلوى. إنه الخامس عشر من شهر شباط 1974. كنت أسمع في ذلك اليوم دقات قلبي المتوتر بالأذن المجرّدة، كما كنت أشعر بالحرارة ترتفع في رأسي إلى أقصاها والعرق يتصبب على جبيني ـ من شدة الحيرة والارتباك ـ وكأننا في عز الصيف. وما هي إلا دقائق معدودة حتى أطل نعيمة متلمساً السبيل إلى حيث كنت أنتظر في الصالون، تعلو وجهه ابتسامة الترحيب قبل أن يعيّن المكان الذي كنتُ أجلس فيه (وكان قد شح نظره في ذلك الوقت). فنهضت على الفور وأمسكت بيده لمساعدته على الجلوس.. كانت كلمات الترحيب بي في ذلك اليوم مختلفة عن كل المرات السابقة إذ بادر إلى القول: "أهلاً بصاحب الأبله الحكيم.." فابتسمت شاكراً، مترقباً المزيد من المضايقة والاحراج وأنا أنظر إلى الأرض مهابةً وكل ما فيي يرتعش. ثم وقفت على الفور لأقدم له الكتاب في محاولة لكسر الجليد والاعتذار له على فعل لم أرتكبه أو إساءة لم تصدر

عني .. قد لا يتطلب الموقف كل هذه المبالغة ولكن أعترف بصدق وصراحة، هذا ما تهيأ لي في هذه اللحظة الدقيقة والمحرجة.

تناول نعيمة الكتاب وأخذ يتصفحه بسرعة بينما عدت إلى الجلوس قائلا:

"إنها مجرد محاولة متواضعة، أرجو اعتبارها هدية محبة وتقدير وعربون وفاء لدوركم الكبير في تحريضي على الكتابة ونفحي بالجرأة على مخاطبة الناس بلسان "الأبله الحكيم". كما أرجو غض النظر إذا لم يكن ما جاء في الكتاب بالمستوى المطلوب".

فردّ عليّ قائلاً: " لا شك أن في الكتاب ما سيسرّني، ولكن دعني من الحكم عليه الآن إلى أن يسمح لي الوقت بقراءته..!"

كان لوقع كلمات نعيمة عليّ في ذلك اليوم ما يشبه الصاعقة. واعتبرت أن في قوله هذا نوعاً من المجاملة وعدم الاكتراث في آن معاً إذ ماذا يعني "إلى أن يسمح لي الوقت بقراءته"، قد يكون ليوم أو شهر أو سنة وربما أكثر! من يدري..؟ فشعرت بضيق في صدري ولعنت الظروف التي أوقعتني في هذا الإحراج والتي قد تكون سبباً للانقطاع عنه وعن الجلسات الأدبية الرائعة التي كنت أستمتع بها وأحرص على استمرارها. ولم يكن لدي من الخيارات، للتخلص من هذه الضائقة النفسية التي سيطرت عليَّ لبعض الوقت، سوى التقاط الأنفاس والسيطرة على الأعصاب ما أمكن وانتظار اللحظة المناسبة للانسحاب والعودة إلى بيروت محبطاً متأثراً..

واعترف هنا أن ما أصابني من القلق والاضطراب في ذلك اليوم، كان بسبب شعورٍ بالذنب تولد لديّ عندما طلب الأستاذ نعيمة مني نسخة الكتاب. وبصراحة لم أكن أتوقع منه الاهتمام بما كتبت أو التعليق عليه أو ربما تقييمه خاصة وأن الكتاب كان، كما ذكرت سابقاً، مجرّد محاولة. إلا أن ما جعل الأمر يأخذ ذلك البعد هو الخطأ غير المقصود الذي صدر عني بعدم إطلاعه على رغبتي بنشر

الكتاب ولو من باب المجاملة، نظراً للعلاقة الأدبية التي تربطني به، وهذا أضعف الإيمان.

وثيقة الشرف..

وفي صباح اليوم التالي، أي يوم الأحد في السادس عشر من شباط 1974، استيقظت على رنين التلفون وكانت الساعة تشير إلى العاشرة. فتناولت السماعة بسرعة لأسمع صوت مي نعيمة على الطرف الآخر تقول: "آسفة للازعاج! هل أنني أتصل باكراً؟" ومن غير أن أتمكن من إخفاء دهشتي لاتصالها غير المتوقع إذ كنت بزيارة عمها في اليوم السابق، قلت: "لا أبداً! الوقت مناسب جداً.. أهلاً بالست مي.." قالت: "لا أريد الإطالة.. ولكن أردت أن أكون صاحبة البشارة لإخبارك بأن عمي قضى في الأمس فترة المساء بكاملها يكتب لك رسالة تقديرية حول كتابك "الأبله الحكيم"! وإنها جاهزة ويمكنك تسلمها في أي وقت تشاء".. ومن دون وعي قفزت من السرير لأجلس على جنبه وأقول بفرحة لا توصف: "هل يمكنني ذلك اليوم..؟" فأجابت: "سيكون عمي في انتظارك. إنه يوم الأحد ولا ارتباطات سابقة لديه". نهضت ورحت أجهز نفسي للخروج بأسرع وقت ممكن وتمكنت من الوصول إلى دارة نعيمة في "الزلقا" قبل الثانية عشر ظهراً..

جلست على مقعد مواجه للمقعد الذي يجلس عليه نعيمة عادةً، كمن يجلس في قاعة المحكمة بانتظار إعلان الحكم عليه. لم أكن وحدي، بل كانت تجلس هناك في الناحية الأخرى السيدة مي وابنتها سهى التي كانت في الخامسة من عمرها (أصبحت سهى كاتبة معروفة فيما بعد). كانت تمر الثواني وأحسبها دهوراً حتى شعرت لكأنه توقف الزمن ورحت في غيبوبة أو أنها انعدمت الأشياء من حولي. ولم أستفق من هذه الحالة إلا على صوت نعيمة داخلاً إلى المكان وفي يده كتاب "الأبله الحكيم". فنظرت إلى ناحيته وهو يقترب من

مقعده فلفت انتباهي على الفور وجود قصاصة ورق بين صفحات الكتاب ورحت أترقب ماذا عساه أن يكون ولكنني لم أتلفظ بكلمة. وما كان من نعيمة بعد السلام والمجاملة إلا أن فتح الكتاب على الصفحة حيث وضع قصاصة الورقة وقال لي: "إقرأ لي هذا المقطع (مشيراً إليه).. أريد أن أسمعه منك شخصياً لأتحقق من إحساسك بما كتبت". وأضاف: "برأيي أن هذا المقطع الصغير يختصر فلسفة الكتاب.." وما أن سمعت كلمة الإطراء هذه التي جاءت على لسان نعيمة بكثير من الجدية والوجدانية، حتى تحولتُ بلحظة سحرية إلى إنسان آخر، كالفارس يقفز فوق الحواجز أو ثائرٍ يتحدى المخاطر، فتناولت الكتاب بكثير من الثقة وتنفست الصعداء بعد أن كاد يتوقف قلبي عن الخفقان، وقرأت المقطع الذي عينه نعيمة وهو التالي:

.. أيها العابثون بمشيئة الله، لا تقربوا أوكار الظلام ولا تواكبوا قافلة الضباب إن كنتم تقصدون النور... واعلموا أنكم تسيرون في نفق من الضلال لن تهتدي فيه قلوبكم بغير ذكر الحق. وإن ذكرتم الحق في أنفسكم فإنكم سترشدون.."

وما أن فرغتُ من قراءة الكلمة الأخيرة، حتى أخذ الأستاذ نعيمة يضرب بيده على حافة المقعد بضربات متتالية تأثراً وإعجاباً بما يسمع ثم نظر إليّ قائلاً: "رائع.. حقاً رائع! سأعترف لك أنني لم أكن أنتظر أن تفاجأني بهذا العمق الصوفي فيما كتبت ولا بهذه الحكمة التي أطلقتها على لسان "الأبله". ويهمني أن أشير هنا إلى أمر هام وهو أن الحكمة التي أوردتها في كتابك، قد انتزعتك، من حيث تدري أو لا تدري، من عالم الشباب الذي أنت منه اليوم لترميَ بك في عالم الشيوخ المثقل بالخبرة والتجارب. إنها مسؤولية كبيرة يا خالد والمشوار طويل ولا زلت في أول الطريق. أرجو أن تتنبه إلى هذه الحقيقة.."

لم أصدق ما كانت ترى عيناي أو تسمع أذناي من ثناء وتقدير وتشجيع. وكنت أتساءل بيني وبين نفسي هل حقاً قرأ نعيمة الكتاب البارحة أم أنه تصفحه وقرأ بعض المقاطع فوقع نظره على المقطع إياه..؟ كنت أنظر بين الحين والآخر إلى السيدة مي، التي كانت تراقبني والابتسامة لا تفارق شفتيها، كيف أنها كانت توافق على كل ما يقوله عمها من ثناءٍ أو تعليق. ولاحظت بكل تأكيد أنها هي الأخرى قد قرأت الكتاب لأنها كانت تتحدث بمضمونه وأبعاده حتى أنها حاورتني بمعنى البلاهة والحكمة في الذات البشرية والنظرة الفلسفية التي أشرتُ إليها من خلال تسمية كتابي بـ"الأبله الحكيم"..
أما الرسالة التي خصّتني بها الأديب الكبير ميخائيل نعيمة والتي أعتبرها "وثيقة شرف"، هي من أهم الشهادات التي حصلت عليها في حياتي لأنها صادرة عن أكبر مرجع أدبي وفكري في لبنان والعالم العربي.. وقد شكلت فعلاً هذه الرسالة بالنسبة لي، الحافز الحقيقي للمتابعة والمثابرة على الكتابة. (صورة الرسالة الأصلية بخط نعيمة منشورة في مكان آخر من الكتاب وكان قد كتبها في ذات اليوم الذي جئت فيه لزيارته، أي في 15 شباط 1974).

أما نص الرسالة فهو التالي:

ميخائيل نعيمة
بسكنتا ـ لبنان
15 شباط 1974

عزيزي خالد،
استهواني في كتابك "الأبله الحكيم" نفس شعري أصيل ونزعة باطنية لا تتهيب الغوص إلى الأعماق، ولا تتلهى بظواهر الأشياء عن بواطنها، ولذلك فهي تخاطب الناس بمنتهى الجرأة:
" أيها العابثون بمشيئة الله، لا تقربوا أوكار الظلام، ولا تواكبوا قافلة الضباب إن كنتم تقصدون النور.. واعلموا أنكم تسيرون في نفق من الضلال لن تهتدي فيه قلوبكم بغير ذكر الحق. وإن ذكرتم الحق في أنفسكم فإنكم سترشدون.."
تمنيت لو أنك وضعت "الأبله" في إطار فني يليق بالحكمة التي تنزلق عن لسانه وبالنفثات الشعرية التي تصعد من وجدانه..
لست أريد أن يفوتني التنويه بحسن ذوق رئبال نصر الذي وضع رسوم الكتاب، وبحسن ذوقك أنت في إخراجه.. تباركت باكورتك والروح التي تمخضت عنها.

المخلص
ميخائيل نعيمة

****

والجدير بالذكر هنا، أن هذه الرسالة التي تحتوي على بضعة أسطر، اضطرت أستاذنا الكبير لأن يصرف ساعات من الوقت لإتمامها ذلك أنه كان مصاباً بداء مستعصٍ (روماتيزم في المفاصل) في ذلك الوقت، إلى جانب ما كان قد ناله من العجز وهو ابن الرابعة

والثمانين كما مرّ معنا، فكانت تخونه يده التي يمسك بها القلم ولا تستقر على الورق حتى يدعّمها باليد الأخرى. فكانت الكتابة تستلزم الوقت الطويل لاتمامها كما كان عليه أن يتحمل ما ينتج عنها من آلام. والواقع أنه كان قد أعفى نفسه من الكتابة اليومية (كما كان يفعل في السابق) في هذه المرحلة من العمر، إلا عند الضرورة، ولم يكن هناك ما يضطره إلى وضع الرسالة هذه سوى الاقتناع بأهميتها بالنسبة لكاتب ناشىء مثلي، خاصة أنه أعجب بالمادة التي قدمتُ..

وكما يلاحظ القارىء، فقد جاء في رسالة نعيمة نوع من التمني "لو أنني وضعت "الأبله" في إطار فني يليق بالحكمة التي تنزلق عن لسانه وبالنفثات الشعرية التي تصعد من وجدانه". وقد كان لي معه حديث طويل حول هذه الملاحظة وعرفت أنه كان يفضّل أن يرى الأبله في إطار "درامي" روائي يتناسب مع التسمية التي أطلقتها عليه. فوعدته أن أجري التعديل في الطبعة الثانية للكتاب وسيكون ذلك في موعد قريب باعتبار أن الطبعة الأولى قد باشرت على النفاذ من السوق بحسب إفادة شركة التوزيع.

وللأسف، تشاء الصدف أن يكون هذا "الموعد القريب" للإصدار الثاني بعيدا وبعيداً جداً إذ لم أتمكن من تحقيقه إلا اليوم، بعد خمسة وثلاثين عاماً على الإصدار الأول..

لماذا تأخر الإصدار الثاني..؟

نفذ الكتاب من الأسواق كما ذكرت في غضون ستة أشهر، أي في صيف 1974، وكنت لا أزال أعرّف به مستخدماً سائر الوسائل الإعلامية المتاحة. وكنت أحاول خلال تلك الفترة الاستفادة من كل الملاحظات التي كانت تردني حوله، من حيث الشكل أو المضمون، بقصد التركيز على نقاط النجاح وتلافي نقاط الضعف عند إصدار الطبعة الثانية.

وكان القرار المبدئي أن أصدر الطبعة الثانية من الكتاب في منتصف العام 1975. إلا أن الحرب الأهلية اللبنانية، التي انطلقت شرارتها الأولى من أحداث 13 نيسان 1975 الدامية ولم تتوقف إلا بتوقيع اتفاق الطائف عام 1989، حالت دون ذلك. كان عليّ خلال فترة الحرب هذه والتي دامت خمسة عشر عاماً، أن أبدّل بالأولويات كما فعل جميع اللبنانيين المقيمين في لبنان والذين عاشوا ويلات هذه الحرب القذرة. وهكذا أصبح إصدار "الأبله الحكيم" في طبعته الثانية في آخر سلم الأولويات لدي وكان عليّ الاهتمام بأمور حياتية ملحة تضمن الأمن والسلامة لعائلتي.

اجتاحت إسرائيل لبنان في العام 1982 حتى العاصمة بيروت من دون أية مقاومة تذكر باستثناء بعض العثرات التي واجهتها في طريق دخولها إلى المناطق. وكان من سوء حظي أن تدور في بلدة شملان - قضاء عاليه - حيث كنت مقيماً مع عائلتي، معارك جانبية للقوات الغازية مع بعض المجموعات الفلسطينية وأخرى من الجيش السوري كانت تقيم في المنطقة وقد قطعت قيادتها عنها المؤن والامدادات. فما كان من القوات الإسرائيلية إلا أن حسمت الأمر باقتحام البلدة عشوائياً مستخدمة سلاح البر والجو والبحر. وكان بنتيجته أن دمّرت بيوتناً..! ولكننا نجونا مع أولادنا والحمد لله.
وعلى أثر هذا الاجتياح غير المسبوق للبنان ودخول الاسرائيليين إلى كل قرية ومدينة - دخول أصحاب البيت - دون أن يواجَهوا حتى بالاعتراض، سقطت بنظري كل الإيديولوجيات القومية والشعارات التقدمية والخطابات الثورية، التي ملأت آذاننا وكانت شغلنا الشاغل على امتداد سنوات من الزمن، اعتباراً من الستينيات من القرن الماضي، أيام الدراسة الجامعية. فأيقنت، في مشاهدة حية للواقع، كم نحن متعلقون بقشور الأمور عن بواطنها وكم نحن بحاجة إلى وقف الانفعال و"تأجيل الثورة" أو ربما إلغائها، والعودة إلى الينابيع

الصافية لتفهم واقعنا الاجتماعي الحقيقي والاقلاع عن الادعاءات والشعارات الفارغة..

وفي منتصف العام 1983 غادرت مع عائلتي إلى اليونان حيث أمضينا، في العاصمة أثينا، خمس سنوات نترقب العودة إلى لبنان في كل يوم، ثم نعود ونعدل عن فكرة العودة بسبب استمرار إقفال مطار بيروت لدواع أمنية. وفي العام 1987، قررنا الانتقال من اليونان إلى كندا حيث كانت الحكومة الكندية قد أقرت برنامجاً خاصاً تمنح بموجبه الاقامة للمهاجرين من اللبنانيين بسبب الحرب الأهلية المفتوحة. حصلنا على الاقامة في كندا وانتقلت إليها مع العائلة تحديداً بتاريخ 1988/6/4. وها نحن قد مضى على وجودنا في كندا عشرون سنة بالتمام والكمال، قضيناها بما يشبه التشرد والتردد لوجودنا في غربة عن الوطن وغربة عن الذات، تتجاذبنا مغريات العيش فيها هنا وحنين العودة إلى الجذور هناك. وفي أجواء القلق هذه، كانت تمر الأيام وأنا في سعي مستمر لتأمين عدد من المطالب الحياتية الملحة من دون أن أبلغ نهاية.. وربما حان الوقت اليوم، بعد خمس وثلاثين سنة على إصدار الطبعة الأولى من "الأبله الحكيم"، لأعود إلى الصفاء الذهني وأتمكن من الوفاء بالالتزام الذي قطعته على نفسي بإصدار الطبعة الثانية مع إجراء التعديل عليها بوضع "الأبله" في الإطار الفني اللائق الذي أراده ميخائيل نعيمة..

إبني الروحي..

وفي العودة إلى الاصدار الأول والحصول على رسالة نعيمة المؤرخة في 15 شباط 1974، طرأت فكرة إقامة حفلة عشاء تكريمية من قبل نادي لبنان الجديد ومجلس إنماء قضاء عاليه لمناسبة صدور "الأبله الحكيم" وتولى أمر التحضير لها الصديق مراد الخوري الذي غمرني بنبل عاطفته ومحبته وقدم الكثير من

الخدمات في تلك الفترة مشكوراً. كنت في ذلك الوقت رئيساً لمجلس إنماء قضاء عاليه بينما كان الاستاذ مراد رئيساً لنادي لبنان الجديد. ويسرني هنا التنويه، بجهود أعضاء اللجنة التي تألفت من المؤسستين للتحضير والإشراف على حفلة التكريم وهم السيدات والسادة: مراد الخوري، منى الأحدب، عدنان العريضي، فاديا حاطوم، غسان حتي، هدى مرعي، جورج أبي اللمع، فاديا حميدان وميشال أبي شاهين.

أقيمت حفلة التكريم بتاريخ 15 آذار 1974 في فندق كارلتون - بيروت، حضرها عدد كبير من رجال السياسة والأدب والفن والصحافة. وكان ضيف الحفلة الأديب ميخائيل نعيمة الذي حرص على ألا يتغيب عن المناسبة. ويشرفني، في هذا السياق أن أنقل التفاصيل التي رافقت دعوة أستاذنا الكبير إلى حفلة التكريم كما رواها الأستاذ مراد الخوري والسيدة منى الأحدب ـ عضوا لجنة التكريم ـ اللذان زارا نعيمة شخصياً، وقدما له دعوة خاصة للحضور.. وقد ورد حرفياً في مقدمة ما كتبه مراد الخوري عن "الأبله الحكيم":

"أكد لنا الأستاذ ميخائيل نعيمة حرصه على حضور حفلة التكريم هذه، بالرغم أنه لا يحضر حفلات من هذا النوع، لما يكن للأديب خالد حميدان من مودة وتقدير. وقد أشار إلى هذا الأمر ونحن في دارته في "الزلقا" حين دعوناه إلى حفلة التكريم إذ قال:

"لا مفر لي من الحضور لأن خالد حميدان يحتل مكانة خاصة في نفسي، فهو بمثابة ابني الروحي لما يطالعنا به من أدب وجداني واعد في باكورته "الأبله الحكيم"..

إنه لشرف كبير أن يخصني نعيمة بهذه "الأبوة الروحية" وهو الذي كان المنارة المشعة لعشاق النور والمنهل الصافي لكثيرين من المفكرين والمبدعين من لبنان والخارج..

*****

لا يسعني في ختام هذه المقدمة إلا أن أتقدم بالتحية والإكبار من روح أستاذنا الكبير ميخائيل نعيمة لأقدم له "الأبله الحكيم" في الإطار الفني الذي أراده.. أرجو أن أكون قد وفقت في جعله لائقاً وملائماً لما تصوره قبل خمسة وثلاثين عاماً.

عشق نعيمة الحياة لأنه تلمس فيها كل ما صوره الله من حق وخير وجمال.. ويقول عنها: "الحياة لا تموت، المحبة لا تموت، الضمير لا يموت والذات التي هي أنت لا تموت وإن ذابت.. ففي ذوبانها حياتها !".

اليوم وبعد مضي عشرين سنة على رحيله، يعود ميخائيل نعيمة إلى الحياة في استذكارنا واستحضارنا له بعد "ذوبانه".. فالعارفون المتفوقون هم كالحياة في ديمومتها، لا يموتون...!!

تورنتو ـ كندا ـ 2008-6-4
خالد حميدان

حكاية الأبله

تقديم: جوزيف حنا

حكاية الأبله

التقيته الكاتب معرفة منذ أمد أقصر من الفصول امتداداً، فأعجبني نقاوة في روحه، وصفاء في إنسانيته، مما دفعني إلى الوقوف بجانبه، أصغي إلى تمتماته العذراء، وهمساته المغناج.

"خالد حميدان" لم يكن جمّاع ألفاظ جرسها مسكر، أو لمّام أحرف وقعّها مطرب.. وانما اتخذ العبارة وسيلة لنقل الاهتزازات الانفعالية من الذات البعيدة المدى، فصوّرها فصولاً ربيعية العطاء والجنى فكانت فن معرفة المحبة.

تصفحته الكتاب خاطرة خاطرة، فلم أجد فيه **"للأبله الحكيم[1]"** عبقرية المتفلسف المطاط، ولا عنجهية المتمرد الدجّال، بل شعرت بأنفاس معلم بتول - كما الابتسامة المستيقظة في وجه طفل - ثائر على الأرقام المدوّنة بريشة مغموسة بألوان متناقضة، وعلى اللجج الهوجاء التي بغطرستها تأكل صخور الشواطئ الآمنة، وعلى الأشجار السوامق البلهاء بلا ثمر..

---

[1]الأبله الحكيم: شخصية غريبة رمزية تجمع ما بين البلاهة والنباهة. استغلها الكاتب في إبراز آرائه وحكمه، كما فعل نيتشه في "زرادشت" وجبران في "النبي" وميخائيل نعيمة في "مرداد".

رأيته يعبر كل مرفأ ناشراً رسالة السلام، ويشعل كل قنديل مضيئاً سراج الأخاء، ويطرد من الأزقة أشباح الملذات مالئاً النور..

وها هوذا يدوّي كما الرعد مخاطباً الإنسان قوله:
"إجعل لنفسك من المحبة زاداً، ومن الايمان ذخراً، وكن مؤمناً ضروعاً، فإن أوصدت بابك بوجه النور قتلتك أشباح الظلمات".
إن أبله **"خالد حميدان"** لم يكن إلا بطل أسطورة مزّقت أوراقها همجية أنواء الأعاصير، فضاعت قسمات الحكمة في أغوار العبوس وباتت حقيقة المصير اللاحقيقة، فاختلط الحق بالباطل، وراح الشوك يدّعي العطر، والحدقة الزجاجية تدّعي الرؤية. فلا عجب إن طارد خفافيش الغبش وطاويط الغلس، فهي طيور بلا أعشاش ولا أهداف..

"كان الأمل لجهالتكم سفينة خلاص ترسو على شاطئ ذاتكم، فاستحللتم رحابتها، وأثقلتم حمولتها، فهوت السفينة ورحتم تنوحون.."
"إن الثرثرة ليست لتجعل منهم عظاماً.. والشمس وإن غلفتها أردية الضباب، لن تمسي رماداً، فلا بد للضباب أن يتبدد".
عظمة العطاء لم تكن يوماً ممثلة بعظمة الأسماء، وكذلك العبقرية لم تكن جنيناً في ضمير طفل أو كهل، فهي كما البذرة لدن تصادف أرضها تنمو وتعطي..

لم تولد عبقرية أرسطو من قبل أن يولد أرسطو، ولم تكن ثورة جبران من قبل أن يكون جبران.. وكذلك لم يكن **"الأبله الحكيم"** لو لم يكن **"خالد حميدان"**.

إرادة المصير توجّهها إرادة الواحد الأحد، فكما الشمس لا تسكر، والقمر لا يعربد، والطبيعة لن يوقف عطاءها العويل الكامن في تجاويف خريف الأبدية، هكذا "الأبله" لن يغمض عينيه ظلام الليل، وتقعده وهدات الطريق، وتبلله قطرات الشتاء..

قلت لخالد يوم قرأته الكتاب: اليوم أمطرت سماء الحقيقة غيث أدب، فلا غرابة إن دعوته بأدب الأخلاق.

فكما للقومية أدب، وللسياسة أدب، هكذا للأخلاق أدب..

فأدب الأخلاق عند **"خالد حميدان"** هي حضارة الروح وتمدّن الشعور وانعتاق الكبت المترسّب في أعماق الذات.

فحضارة الروح هي إشراق نور الحق واندحار ظلمة الباطل؛ وتمدّن الشعور هو إعلان مبادئ المحبة ومحو شريعة الكره. أما انعتاق الكبت فهو تحرير الحس من عبودية اللامنطق وتتويج الواقعية في مملكة المنطق.

لا مراوغة إن قلت: إن صاحب **"الأبله الحكيم"** يعيد للانسان الحق ما بدّدته أكف الزمن العابثة بروحانية العصور وإنسانية الأجيال..

فأسمعه يتمتم تمتمة كنّارة الأمل بلسان الأبله العاقل:

"في كل يوم، أمل يولد وأمل يموت، وسأظلّ أنتظر اليوم الذي يولد فيه أمل.. لا يموت".

بيروت في 5 كانون الثاني 1973

جوزيف حنا

خالـد حميـدان.. الأبله الحكيـم !

1974/05/03

بقلم: مراد الخوري

كاتب وصحافي/ رئيس مجلس إدارة تعاونية النشر والإعلام/ بيروت

هذه فقرة من كلمة ألقيت في 15 آذار 1974، أي بعد شهرين على صدور كتاب "الأبله الحكيم"، في حفلة تكريم للمؤلف أقامها مجلس إنماء قضاء عاليه ونادي لبنان الجديد في فندق "كارلتون" - بيروت، حضرها عدد كبير من رجال السياسة والأدب والصحافة. وكان ضيف الحفلة الأديب الكبير ميخائيل نعيمة الذي حرص على ألا يتغيب عن المناسبة، بالرغم أنه لا يحضر حفلات من هذا النوع، لما كان يكن للأديب خالد حميدان من مودة وتقدير. وقد أشار إلى هذا الأمر ونحن في دارته في "الزلقا" حين دعوناه إلى حفلة التكريم إذ قال:

"لا مفر لي من الحضور لأن خالد حميدان يحتل مكانة خاصة في نفسي، فهو بمثابة ابني الروحي لما يطالعنا به من أدب وجداني واعد في باكورته "الأبله الحكيم"..

خالـد حميـدان يبني شـراع المحبة على غرار سفينـة أورفليس

عندما يتفتح الفكر على نور الحقيقة، يشتعل كمصباح في خضم ليلة ظلماء ويجول في دروب لا تعرف نهاية ليعلن، بما يشبه الوثبة

الواثقة، عما أدركه من وعي التجربة. وتجربة **خالد حميدان** في الذات البشرية، هي تجربة إنسان قضى عمره يركض وراء شمس لا تغيب حاملاً قنديل ديوجين ليستكشف مخبئات الزمن. وتراه أشبه بحكيم من حكماء اليونان يجمع طلابه لينفح روح المحبة في قلوب حائرة ولينشر بريق الأمل في عيون خرساءَ غافلة عن لحظاتها الوجودية..

تجربة الشاب "الشيخ" الذي أثقلته الحياة بجميع تفاعلاتها وانفعالاتها، بإحجامها حيناً وعظمة عطائها أحياناً.. تجربة رائدة كسر فيها خالد قيود الظلمة وجال بالذات البشرية على متن سفينة المحبة، ليس في رحلة عابرة، بل في استكمال لرحلة طويلة تلتحم فيها مع سفينة أورفليس لتكوّن معها الانطلاقة الحرة إلى آفاق الأمل البعيد..

فهل توصّل خالد، بعد صراعه المستمر وتأملاته وأقواله الحكيمة التي تصب في الأدب الوجداني، أن يجد حلاً لتعاسة الانسان؟ وهل تكفي المحبة لتنقشع السماء ويتبدد السواد الحالك في عمق أعماق البشرية..؟ هذا ما يحاول الاهتداء إليه "الأبله الحكيم" الذي وجّه نداءه إلى كل إنسان، مؤكداً بأنه "لن يعرف الخوف بعد اليوم لأنه لقي نفسه وقد عزم السير على درب الحياة..!!". وفي النهاية، ليس **"الأبله الحكيم"** سوى الأديب **خالد حميدان**..

❖

فلسفة المحبة والنظرة المدرحية
في كتاب "الأبله الحكيم"

دراسة وتحليل: د. يوسف مروّه

في دراسة كتاب "الأبله الحكيم"، لمؤلفه الأستاذ خالد حميدان، نجد عملاً فكرياً وجدانياً فلسفياً. ونلاحظ أن النص الأدبي قد استوفى درجات الجمال، واجتمعت فيه مقومات الفكر والعاطفة والخيال والأسلوب الجميل، بالإضافة إلى ما حملته هذه المقومات من ظلال وأضواء وأنغام وإيقاعات.

و"الأبله الحكيم" هو شخصية رمزية تجمع بين البلاهة والجنون من ناحية، والنباهة والعقل من ناحية أخرى. وقد استخدمها الكاتب في توضيح وشرح آرائه وأفكاره كما فعل نيتشة في "هكذا تكلم زرادشت" وغوته في "الديوان الشرقي" وجبران في "النبي" ونعيمة في "مرداد" وحاوي في "نهر الرماد". فالباحث في معنى ومفهوم وكلمات "الأبله الحكيم" يقع في حيرة إذا أراد أن يطلق صفة أو تسمية معينة لتعبر عن جوهر تلك الكلمات، لأنها في الواقع تأملات ونغمات ونفثات ونسمات وتألقات وخواطر وحكم وأضواء وألحان ورؤى وآفاق ورسائل في آن واحد.

ويلاحظ القارئ الباحث أن مفهوم المحبة هو المحور الفلسفي والعلمي الرئيسي في رسائل "الأبله الحكيم". وتتمحور حوله عدة مضامين نفسية وصوفية وفلسفية. ومهما تعددت المضامين فإن الجوهر لا يتغير ولو ظهر بألف وألف صورة. فالكائن الحي تجذبه الحياة، لأنه يلمس فيها كل ما خلقه الله من حق وخير وجمال. وبالتالي من حق المفكرين والفلاسفة المبدعين أن يؤمنوا بخلود القيم الروحية. وبأن المحبة والحياة والروح والنفس والعقل والذات والضمير، تنتصر دوماً على الموت، لأنها تذوب في آفاق اللانهاية. وهذا الذوبان يعني الخلود في حياة أبدية لامتناهية، ذلك أن كل ما يقع في نطاق شبكة اللانهاية يصبح جزءاً منها أي لامتناهٍ.

في مراجعة "الأبله الحكيم" نجد ثلاث عشرة مقطوعة من الأدب الوجداني، مشحونة بالأفكار الروحانية والعرفانية والفلسفية، تعبر عن أبعاد مادية ـ روحية (مدرحية)، تتسامى وترتفع في أجواء وآفاق تتجاوز حدود الزمان والمكان (الزمكان)، ونكتشف فيها تياراً من الأنفاس والمشاعر والأحاسيس التي تتمحور في حركاتها حول محور مدرحية المحبة، ويتجذر وجودها في آفاق الكون اللامتناهية، وتتجلى معانيها في أعمال الإنسان النبيلة وسلوكياته الحسنة. ويمكن للباحث من خلال التأمل في مقطوعات "شمعة ساهر" و"أبعد من حلم" و"لم أحيا" و"أمل لا يموت"، أن يكتشف بسهولة الروابط

الفكرية التي تشير إلى انتماء وارتباط فكر المؤلف بمدرسة الفلسفة المدرحية التي وضعها سعادة.

في دراستي المتأنية للأبله الحكيم اكتشفت مؤشرات فلسفة المحبة من خلال الرموز المتألقة في كلمات وسطور المقطوعات الشعرية المنثورة في الكتاب. ووجدت أن مفهوم "المحبة" الموضوعي يعني التجاذب وميل الطبع الإنساني إلى الأشياء المتناسقة والمتماثلة. وأما مفاهيم ومعاني وأوصاف المحبة الوجدانية فقد جاءت في تعابير وتأملات الكاتب بصورٍ وألحانٍ عديدة مثل برعم الأمل، سر الخلود، نغم الروح، بهجة النفس، عطر الحياة إلى ما هنالك من صور مماثلة. وفيما يلي بعض الأمثلة من صور المحبة التي جاءت في مقطوعة "شجرة العطاء" ص. 60-61:

"لا تمنح عطاءَك لقريب
دون بعيد،
وحبيب دون بغيض..
فإذا ما بلغت درب المحبة،
فأنت قريب لكل عابر
وحبيب لكل مسافر..!"

"إجعل لنفسك من المحبة زاداً
ومن الإيمان ذخراً..
وكن مؤمناً ضروعاً،
فإن أوصدت بابك بوجه النور
قتلتك أشباح الظلمات..!"

***

وهكذا فإن كتاب "الأبله الحكيم" كما وصفه الفيلسوف الكبير ميخائيل نعيمة، "**تميز بالحكمة وبالعمق الصوفي وبالنفثات والأنفاس الشعرية الأصيلة المتصاعدة من الوجدان، وبالنزعة الباطنية التي لا تتهيب الغوص إلى الأعماق ولا تتلهى بظواهر الأشياء عن بواطنها"**. والملاحظ في "الأبله الحكيم" أن الأستاذ خالد حميدان، عندما تطرق إلى الجانب المادي من فلسفة المحبة، توصل إلى الكشف عن ناموس المحبة الكوني، حيث أن المحبة هي التجاذب الكوني القائم بين المخلوقات من أصغر ذرة في الوجود إلى أعظم مجرة في الكون. فهي العُرى اللامرئية التي تربط بين الأشياء في المتصل المدرحي، وهي خيوط التجاذب المحسوس والمرصود التي تصل بين الأشياء في المتصل الزمكاني. ذلك لأن الكون، كما يقول أينشطين، هو متصل زمكاني (Universe is a space-time continuum) وأن الوجود، كما يقول سعادة، هو متصل مدرحي

(Existence is a materio-spiritual continuum). وقد يسأل سائل عن الفرق بين متصل أينشطين الكوني الزمكاني، ومتصل سعادة الوجودي المدرحي؟ والجواب هو أن الأول محدود بأبعاده وآفاقه، ويتسع مداه ليشمل أفعال وردود أفعال قوى الكون المادية من جاذبية وكهرطيسية ونووية. في حين أن الثاني بلا حدود وتمتد أبعاده وآفاقه إلى ما لا نهاية، ويتسع مداه ليشمل أفعال وردود أفعال قوى الكون المادية وقوى الوجود غير المادية مثل الروح والحياة والعقل والنفس. والمعروف أن أينشطين صاغ نظرية النسبية الكونية بمعزل عن الوجود الإنساني ودوره الكوني، في حين أن سعادة صاغ النظرة المدرحية الوجودية وجعل الإنسان محوراً للوجود. وهذا هو الفارق الرئيسي بين نظرة أينشطين ونظرة سعادة. فالإنسان إذن كائن فاعل في الكون وفي الوجود، ويشكل بحد ذاته متصلاً مدرحياً زمكانياً في آن واحد. وهنا تظهر قيمة وأهمية المحبة في هذا المتصل كمحور ذي قطبين، أولهما روحي، وهو الميل الفطري نحو الأشياء الجميلة المتناسقة في الشكل والمتماثلة في الصورة. وثانيهما مادي، وهو التجاذب بين شحنتي الكهربائية السالبة والموجبة في ذرات الوجود. وفي الخلاصة، نؤكد على أن المحبة هي جوهر وسبب الانسجام والاستقرار والتوازن الكوني بين كل المخلوقات والكائنات. وأن جوهر المحبة (أي التجاذب الكوني) يكمن في سر المساواة المطلقة بين مقدار الشحنة الكهربائية السالبة في جسيمة الإلكترون والشحنة الموجبة في جسيمة البروتون في كل

ذرة من ذرات الوجود. ولو أن مقدار إحدى الشحنتين زاد أو نقص عن الآخر بمقدار جزء واحد من تريليون جزء، فإن ذلك يؤدي إلى سيطرة الشحنة السالبة أو الموجبة على ذرات المادة في الكون ما يجعلها في حالة تنافر دائم وقد يؤدي بدوره إلى دمار هذا الكون وتعطيل القوانين الطبيعية فيه.

مع أصدق تحياتي / يوسف مروّه

حكاية ذلك الأبله!؟

اقتربت منه وقد استرخى بالقرب من ساقية بعيداً عن ضوضاء الناس.. كأنه افتقد حبيباً غالياً شاءت الأقدار أن يكون عنه بعيداً.. فلازم الصمت إلى الأبد..

نظرت إليه وقد اتسعت حدقتاه وسكن كل ما فيهما من حراك كأنك أمام تمثال جبل من تراب. لم يكترث لوجودي بالقرب منه، وما كان ليبدّد سحابة تأملاته ضجيج الوجود ودوي الرعود..

فأخذت نفسي تحدثني أشياء وأشياء وأنا أقف كالغريب في عالم ذلك الرجل. وخيل إلي أن في صمته هذا تسكن أسرار الكون بأسرها وأن السنين قد جمعت فيه شتاتها.

إنه الأبله الذي قذفت به أيدي الإحن في مستنقعات القنوط وأقعدته الأيام طريح اليأس والخمول.

ـ إعذر فضولي يا صاح.. هل لي بالتحدث إليك ؟

فانتفض من غفلته ونظر إليّ متفحصاً مدققاً وكأن خبراً مذهلاً قد وقع عليه. ثم قال بصوت خافت وهو يبتسم:

ـ عجيب أمرك أيها القدر..

رجل يطلب التحدث إلى الأبله ؟

ـ ما هو سرّك أيها الرجل ؟ ومن أنت ؟

فقال بصوت متهدّج مرتعش وهو ينظر في الأرض بعد أن تردد في التحدث إليّ:

أنا الأبله يا أخي.. لقد نبذني قومي ولقبني الناس بالأبله. أنا ابن هذه الأرض أجوب مشارقها ومغاربها. لا وطن لي ولا ملاذ.. لقد شرّدني التفتيش عن الحقيقة.!

إنني أبحث عن وهم !

نواجه الحقيقة في كل يوم، بل في كل لحظة ونذهب للتفتيش عنها في لجج الأوهام والأحلام..

كان يصّعد الكلمات زفراتٍ من صدر تأججت فيه نار الحزن والألم وكأنه يعيش لحظات نزاع بين الموت والحياة. غير أن فضولي لا يرحم، فرحت أطلب المزيد من حديث ذلك الأبله وسألته:

- أو ليست الحقيقة هي الدافع للعمل ؟

فقال: إن الدافع للعمل هو ذلك الخيط من النور الذي يشدّ الانسان إلى الأعلى ويربطه ربطاً وثيقاً بشيء يسميه الأمل. ولو فتش الانسان في قرارة نفسه لأيقن أن الأمل ليس سوى انبعاثٍ مما يصح أن يسمى بقلق الوجود.. بضجيج الصمت الداخلي..

وهذا الخيط من النور مصدره ومنتهاه الحقيقة.

والحقيقة بمفهومها العام واحدة لا تتجزأ. غير أن الانسان، حبيس حواسه الخمس القاصرة، لا يستطيع أن يدرك الحقيقة الأزلية في

وحدانيتها. بل إنه يتصوّر مجموعة من الحقائق النسبية التي تنحل وتندثر مع حركة الكون والفساد. وهذا الانصراف عن الحقيقة، هو الخطر الذي يهدد استقرارنا ويرمي بنا في متاهات الشك والتردد..

أخي.. لقد ملّني التساؤل وقذف بي إلى نهر من الدموع، تتجاذبني فيه أمواج الحزن واليأس، فإذا بي كسيح الشعور، فقير الإرادة، لا أقوى على الصراع.
أنا الأبله الغريب !
الغريب عن الناس وعن ذاتي.
أنا القيثارة الصمّاء التي اقتلعت أوتارها يد الزمان.

أنا الهارب من الناس وقد اخترت أحضان الطبيعة مضجعاً لوحدتي يسامرني فيها حفيف السنابل وهمس السواقي وزغردة الطيور. أغفو على وشوشات الغصون المتمايلة مع النسيم وأصحو على تمتمات الرياحين في الحقول.

لقد هجرت عالمهم المخيف الذي تعشش فيه ظلمة النفوس المريضة لأعيش في أعماق وحدتي أتعشق جمال النور.
فهناك تعبث بالقيم رياح الضغينة. عدو يقاتلك ويشرّدك على أرضك وصديق يتنكر لك في وضح النهار. أما هنا فلا مكان للضغينة.. فليس لي عدو وليس لي صديق.!

هناك للشر ألف دار ومعلم وليس للخير من ملاذ. لقد ألفوا الرذيلة إذ أصبحت جزءاً من كيانهم ولا تزال الفضيلة مشردة تقطن أوكار الفجور..

إنهم مقيدون بسلاسل الجهل والبغضاء،

ليتهم كانوا يعلمون..

يرددون هتافات الانتصار

ونصال الانكسار ما برحت تمزّق أجسادهم..

يهللون للحق

وجراثيم الباطل ما زالت متغلغلة

في ضمائرهم..

ويتغنون بالعزيمة والصمود

وبراثن الهزيمة ما فتئت محددة في نفوسهم.!

فليس بالهتافات تسجل الانتصارات

وليس بالتهليل ينتصر الحق

وليس بالتغني يخلق الصمود

لكل هذا تراني هنا وقد استقر بي المقام..

هذا ما سطرته لي يد الزمان على جبين الوجود،

أن أعيش في دنيا اليأس والدموع حائراً هائماً مترقباً نداء العالم الآخر.. أنا الأبله المنبوذ..!

***

لم يكن لقائي بذلك "الأبله" كغيره من اللقاءات العادية المألوفة. ولا الحديث الذي جرى بيننا كان مألوفاً وقد أحدثت كلماته في نفسي ارتعاشاً كالريح التي تنذر باقتراب العاصفة. شعرت بالتحدي يلاحقني.. يستفزني..! وكأنني أخضع إلى امتحان عسير أو سؤال غابت عن ذاكرتي كلمات الجواب عنه أو تبعثرت.. ولم يمضَ وقت حتى لمْلمْتُ ذاتي لأتغلب على التردد والخوف، وقررت مباشرة الرحلة إلى ضمير الانسان عملاً بتعاليم الأبله.. فقصدت "داره" ذات يوم، بالقرب من الساقية، لأغرف من مناهله ومعارفه ما تيسر، غير أنه لم يكن هناك..

فاتجهت في اليوم الثاني إلى ذات المكان ولكنني لم أوفق. فعاودت الكرة في اليوم الثالث والرابع والخامس.. دون فائدة. ولم أفقد الأمل، بل كنت أكرر المحاولات لاحقاً كلما كانت تسمح لي الظروف، علني ألتقيه حتى ولو لمرة واحدة بعد.. فتشت المكان في كل الاتجاهات ولم أعثر له على أثر حتى حملتني قدماي ذات يوم إلى بوابة كبيرة موصدة كأنها الحاجز بين الموت والحياة. فشعرت بأنني اقتربت من "نهاية المطاف" حيث يرقد الأموات في صمت العالم الآخر، وحيث السكون والسلام يرسمان اللوحة الأبهى للمساواة بين أجناس البشر.. وما هي إلا لحظات حتى سمعت وقع خطوات تقترب مني، فارتعشت للوهلة الأولى وكأن قوةً غريبة انتزعتني من لحظة التأمل التي كادت أن تخطفني إلى البعيد، واستدرت باتجاه الصوت وإذا برجل ذي قامة طويلة يتوقف ويسأل:

- من أنت أيها الرجل، وما الذي حملك إلى هنا؟

- إنني أبحث عن معلم ناسك كنت قد التقيته صدفة بالقرب من الساقية..

- وأين أنت من الساقية.. إنها على مسافة بعيدة من هنا.

- ولكنني فتشت في كل الاتجاهات ولم أعثر على ضالتي.. حتى وصلت إلى هنا.

- (مهمهماً) وهل تعني الناسك الأبله..؟

- الأبله..؟ ربما.. أجل.. لقد ذكر أمامي أنه كان يُلقب بـ "الأبله"..

- أعرفه جيدا وقد بات في عهدتي الآن.. (متنهداً) طيب الله ثراه..

عرفت لتوّي أنني أخاطب "حارس القبور" الذي يتعهد كل الأموات بعد انتقالهم إلى مملكته. فنظرت إليه مستغرباً ومحدقاً:

- ماذا تقول..هل..؟ فقاطعني قائلاً:

- مع الأسف، إنها الحقيقة التي لا بد منها!. لقد انتقل إلى الناحية الأخرى من "البوابة" ليلتحم مع الصمت الأبدي..

هزّني الخبر ونزل علي كالجليد، ذلك أنه لم يتسنَّ لي اللقاء بالأبله سوى تلك المرة اليتيمة. وسألت حارس القبور على الفور بسذاجة وعفوية:

- وبهذه السرعة..!؟

فنظر إلي عابساً مستغرباً:

- ماذا تعني.. بهذه السرعة؟ إنها ثانية واحدة التي تفصل بين الحياة والموت..

- أجل.. لا شك وأنك على حق! أرجو المعذرة. (صمت) ..هل جاء الناس لوداعه يوم رحيله..؟

- لم يكن في وداعه أحد. لقد نبذه الناس منذ زمن.. إنه الأبله المنبوذ..!

فنظرت إلى صاحب القامة الطويلة وقلت ببالغ التأثر والهدوء:

- بل إنه "الأبله الحكيم"..

وما أن ذكرتُ هذا، حتى جحظت عينا الرجل وقال:

- لا شك وأنك أنت صاحب تلك الرسائل. لقد أودع الأبله لدي مجموعة من الرسائل وقال لي موصياً قبل أن يلفظ أنفاسه الأخيرة: "إنها أمانة أيها الصديق. احفظها لديك ولا تعطها إلا لصاحبها".

- وكيف عرفت أنني صاحبها وهو لم يذكر اسماً.. هو لم يعرف حتى اسمي؟

- كنت قد سألته الأمر وأجاب على الفور: "ستكتشفه بنفسك".

وبالفعل ها أنا أشعر أنني اكتشفت صاحب الرسائل بنفسي، ذلك إنك أنت الوحيد الذي جاء ليسأل عن "الأبله" بعد رحيله. لقد انتابني شعور أنك الصديق المنشود.

رافقت الرجل إلى حيث يقطن في كوخ بالقرب من "مدينة الأموات" ليسلمني رسائل الأبله الحكيم. نظرت إليها بفرح لا يوصف واستودعته مسرعاً من حيث أتيت للاطلاع على مضمونها، وإذا بها

ثلاث عشرة رسالة موجهة إلى الانسان، أي إنسان تطأ قدماه هذا العالم الأرضي، ومذيلة بتوقيع "الأبله الحكيم"، هذا الحكيم "العاقل" الذي رضي بالبلاهة لقباً ليكشف من خلالها مكامن الحكمة والمحبة في الذات البشرية داعياً الناس إلى نصرتها والتمسك بها..

*****

إن الثورة التي كانت تتأجج في صدري ولطالما أحرقتني نارها، ما كانت لتتفجر زخماً وعطاءً لو لم أصادف ذلك "الأبله المنبوذ".
وتلك كانت مشيئة القدر لأتفلت من قيود السهو والاستسلام التي كبلت انطلاقتي إلى ضمير الانسان، لأعيش في أعماقه وأسامره في خلجات روحه، في حزنه ويأسه، في عزمه وبأسه..
وكان لقائي بالأبله فرحتي الكبرى إذ لقيت نفسي بعد أن تفتتت وتناثرت أشلاؤها. وما عاد يعوزني الايمان، لقد أضيئت شموع الطريق أمامي إلى قلب الانسان.
كنت ذرّة من تراب لا شأن لها، تتناقلها أجنحة الرياح شزراً واستهتاراً. ووقفت أمام الريح بعد أن ثبتّ أقدامي في الأرض. فلم أعد ذرة من تراب فأنا بعض هذه الأرض. أنا الأرض الثابتة الصامدة بوجه الرياح، لا تسحقها الأقدام ولا تجرفها السيول ولا تفتتها الأعاصير. أنا الأرض المعلنة بعنادها وصمتها، عن وجودها وعطائها.

سأفتش عن الانسان في كل إنسان وسأدعوه إلى مرافقتي على الدرب الطويل..

فلا قيمة للانسان إن لم يعمل لخير الانسان، فهو كالغصن اليابس الذي شطرته يد الحطاب عن الشجرة، مصيره إلى النار..

سمعت الحكمة على لسان الأبله فكان لوقعها في نفسي دويّ الرسالة المنزلة،

فحملت مشعالها..

وجدت في ضياعه وجودي وفي خموله ثورتي،

فاستخرجت من ضعفه قوة ومن يأسه عزماً..

لقيت في إغفائه بصري وفي تشرده حقيقتي،

فاستمديت من قنوطه عطاء ومن ظلمته نوراً..

لن استسلم للخوف بعد اليوم إذ لقيت نفسي، وقد عزمت السير على درب الحياة.. درب المحبة والعطاء..

وسأوجه ندائي إلى كل إنسان لنسير معاً على هدي رسالة الأبله. الأبله الحكيم !!

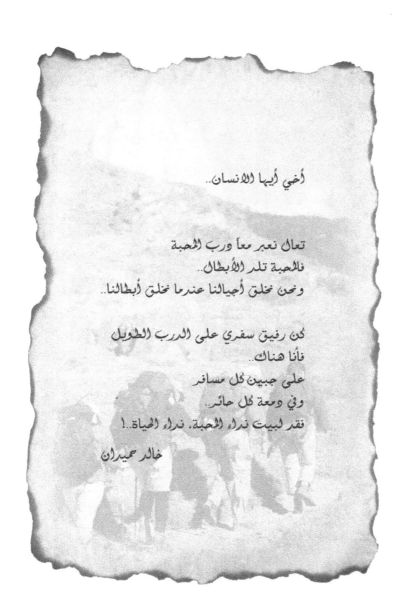

أخي أيها الانسان..

تعال نعبر معاً درب المحبة
فالمحبة تلد الأبطال..
ونحن نخلق أجيالنا عندما نخلق أبطالنا..

كن رفيق سفري على الدرب الطويل
فأُنا هناك..
على جبين كل مسافر
وفي دمعة كل حائر..
فقد لبيت نداء المحبة، نداء الحياة..!

خالد حميدان

شجرة العطاء..

لا تلمْني..!

إن أنا دعوتك إلى مرافقتي

على درب المحبة،

ومشاركتي مشقة العطاء

دون أمل ولا عزاء..

فإن مددْت يديَّ إليك،

فلأن روحك تفيض كلَّ خير وكلَّ قوة،

وإن فيك قبساً من الله.

ودرب المحبة

لا تطؤها إلا أقدامُ جبابرة..

إنك أشبه بغصن

في عالم شجرة معطاء،

فإن أزهر وأثمر

استحق كل عناية!

وإلا لقي حتفه ذبولاً ويباساً
وكانت فأس الحطاب له بالمرصاد..

هكذا أنت!
إن لم تكن زرّاع محبة
في حقل الوجود،
وغرّاس فضيلة في حديقة الأيام،
فلن تفلتَ من مخالب الشقاوة
ولن تنجوَ
من عواصف الضلال
فمصيرك
إلى الغروب والزوال..

فتش عن القلوب الحائرة
في دجنات الرذيلة
وأطلق لها العنان

لتسبح في فضاء من نور..
ولا تمنح عطاءك لقريب دون بعيد
وحبيب دون بغيض.
فإذا ما بلغت درب المحبة
فأنت قريب لكل عابر
وحبيب لكل مسافر..

وإن أُعطيتَ محبة
فلتهديَ منها ما استطعت
فلا مكان تحت الشمس لمن يأخذ
ولا يعطي..

ولئن كنت ابن هذه الأرض
تتغذى من روحها،
وترشف من دمائها،
كان عليك أن تجاري سيرها

بقوتها وصمودها،

بمحبتها وعطائها،

وإلا كنت غريباً مرذولاً..

إجعل لنفسك من المحبة زاداً

ومن الإيمان ذخراً

وكن مؤمناً ضروعاً

فإن أوصدت بابك بوجه النور

قتلتك أشباح الظلمات..

أخي.. كن ذلك الغصن الثَمْر

على شجرة العطاء

وإلا نبذتك الأغصان ذلاً واحتقاراً..

ومد يديك لنبني معاً صرح المحبة.

فإذا لم تتضافر سواعد البنائين

اضمحل البناء وتهدّم..

قنديل المحبة..

لماذا تعيّرني بالجبن
والتخاذل
إذا ما فتحت قلبي لأعداء الأمس
وصفحت..
وهل يملك قوة الصفح
غير الأحرار..؟

أو ليس الشر كاشفاً للخير
كما الظلام للنور..
فما قيمة الخير
في مجلس الأخيار،
وما فائدة النور في وضح النهار..؟

وتسألني..
إذا كان يقابلني بالخير
من أحسن إليه؟

فأقول لك:
إذا لم نقتلع شوك الشرور
من صدورنا
لنزرعها محبة وسلاماً
عبثاً ننتظر من الغير إحساناً..

فمن وطن صدره على التسامح
وقلبه على المحبة،
يذهب في الحياة إلى النهاية بفيض من فرح..
ومن كان عبداً للضغينة،
لا تعرف المسرات سبيلاً
إلى قلبه..
فإنما هو قد جعل لنفسه
مقبرةً في عالم الأحياء..

وتلومني..
إن أنا جالست الصغير
كما الكبير

وإن حادثت الضعيف
كما القوي
وإن سامرت الفقير
كما الغني..

بالله استحلفك..!
وهل حرم الدهر الصغير
أن يكون كبيراً
والضعيف
أن يكون قوياً
والفقير
أن يكون غنياً..؟

أو ليس الصغيرُ
هو صغير النفس
والضعيف..
ضعيف العقل
والفقير.. فقير الارادة ؟

فلا ينقص هؤلاء سوى المحبة
غذاءً لقلوبهم.
وإذا ما قرّبت لهم أطباق المحبة
على مائدة عطائك
فإنك ستلقى عند الله
أجراً عظيماً..

وهل تقدّم علاجاً لغير العليل..
أو تمد بالعون غير السقيم؟
فإن الواحد منهما ليس بحاجة إليك
لو كان صحيحاً معافى.

ليس الجمال أن نرهق الآذان
بطبول المواعظ والنصح
إن الجمال..
في تعزية البائسين
وإعانة المحرومين
وهدي الضالين..

فارفع قنديل المحبة

ليضيء لك الطريق إليهم

وإذ ذاك يقبل بك الله تائباً

بين التائبين..

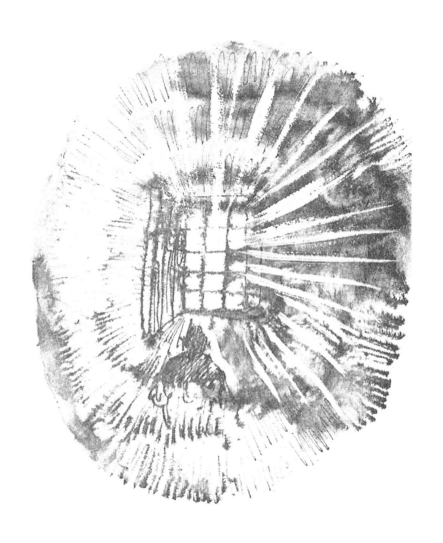

افتح نافذتك للنور!

أخي..
أيها القابع في الظلام
أنفض عنك غبار القلق واليأس
وافتح نافذتك للنور..
مقيتٌ أن يحيا الانسان
في ظلمة نفسه..

ففي الظلمة
تختفي معالم الأشياء وتصعب الرؤية.
لا غِمر ولا صفاء،
لا قبح ولا جمال..
فكيف يطيب لك العيش
هناك..
حيث يغمر السواد الأشياء
ويمسخها عدماً..؟

إنك أشبه بنار
لا لون لها ولا رماد..

دخلت إلى عزلتك
واستمتعت بحديث روحك
الذي يفيض صدقاً ومحبة..
شنَّفت أذنيّ
بأحاديث الفضيلة
وعلمتني
أن أحيا الفضيلة
لأَتمكن من نقلها إلى الآخرين
عملاً محسوساً لا قولاً..

علمتني أن أغمر الناس
بمحبة لا زيف فيها ولا جدال..
وان ألملم نفسي المشردة
بعد أن ذرتها أشباح القلق
والضياع..

أخي..
لقد جعلت مني إنساناً آخر
إنك سيل من محبة
ودفق من معرفة.
وكنت لترويَ نفوساً عطشى
تاهت في غياهب الجهالة..
ولكن أحداً
ما اهتدى إليك سبيلاً
لأنك مستلقٍ هناك
في عزلتك ووحدتك
تتوشح برداء الظلمة الأليفة إلى نفسك..
فكأنك طريد عدالة..

لا يا أخي..
لن يهتدي إليك أحد
لأن الطريق إليك
محالٌ
وقد ضاعت معالم الطريق..

قلت لي بالأمس:
إنّ "في الحب تكمن درب البطولة"
وما أحوج الناس إلى البطولة
حقاً يا أخي!
إن الحب موطن للقوة
وفيه تتجلى أسمى حقائق الروح
ولكن..
أتعلّم الناس بصمتك
أناشيد المحبة..؟

قلت أنك في ضمير كل إنسان
"شمعة ساهر"
تعيش لحظاته
بفرحه وحزنه، بعزمه ويأسه

ولكن أحداً منهم لا يراك..
وكيف يراك
وأنت تلازم مقعدك في الظلام..؟

إنك تشكو الغمرة
وأنت تعيش في أحضانها
وكأن في صمتك
ضجيج حقد رهيب!
وتستمر في هروبك
بعيداً عن الناس وعن ذاتك..

فقل لي بربك
إلى أين يمضي بك هذا الشراع ؟

إحذر يا أخي
أن يستفحل بك الشك
وأن تفتح للبغضاء طريقاً
إلى قبلك،
فتسلّح بالمحبة دائماً
فهي وحدها درب الصلاح..

أخي.. إلقِ عنك رداء الخفاء

واقفز إلى النور لتشقّ ضباب الغمرة
وكن رائداً
على درب الحياة..

واعلم..
إن طريق الحياة مليئة
بالأشواك
وقلما تسير على الورود.
وأن الاستمرار للقوة
والقوة للحق لا محال.
وكل هزيل ضعيف
لا بد أن يتعثر على جانب الطريق..

تحرّك يا أخي وافتح نافذتك
للنور!
"فما طاب ليل الرقاد"..

نار بلا رماد..!

أخي..
إرم عنك قناع الغضب
ولا تجعل الحقد
يتسرّب إلى عروقك..
فالأحرار يصفحون
ولا تعرف الضغينة طريقاً
إلى قلوبهم.!

ولا تخشَ نار حسادك
إن تلوّنت جمراتها،
فإنها نار بلا رماد..
لا يحرق لهيبها
ولا تكوي شراراتها.
لا تحمل فأس النقمة

إذا ما استبد برقابهم
نير البغضاء،
وافتجروا الكلام غيظاً
إن في افترائهم عليك مديحاً لك..
وهم لا يعلمون..!!

ولا تفتح للبغضاء درباً
إلى صدرك إن هم تجبّروا
واستبهموا الوميض
الذي يشعّ في أعماق ذاتك،
ففي تعاميهم عن النور
تكمن غرابة عقولهم..

لا تلعنهم يا أخي
إن هم رفضوا ودك
وراحوا يغربون في كلامهم
ويتبجحون زهواً..
فإن الثرثرة،

ليست لتجعل منهم عظاماً..

والشمس،

وإن غلفتها أردية الضباب

لن تمسي رماداً..

فلا بد للضباب أن يتبدد.

ولا تخف على الحق أن يسحق

إن هم ذهبوا

ونبذوا الحق

الذي يظِلل جهالتهم.

إن في إنكارهم للحقيقة

اعترافاً بها

وتقزيماً فاضحاً لهم

وهم لا يعرفون..

فلا تعجب

إن لم يكن للوفاء موطن

في نفوسهم..

فلا يستقر الوفاء
في النفوس الصغيرة!
ولا تطلب من هؤلاء
عطاء..
أتطلب من الجبان إقداماً
ومن البخيل جوداً
أم من الجاحد إيماناً
ومن المهزوم صموداً..؟

فمن يعش في ظلمة نفسه
لا يقوى على العطاء.
وهل يعطي من لا يملك..؟

أخي..لا تحتفل بهزالتهم
وجهالتهم.
بل تعلم الصمت من ثرثرتهم!
وإنما الصمت درع الأقوياء..
وتعلّم الحكمة

من بلاهتهم!
فإن الحكمة زينة العقلاء..
ولا تخشَ نار حسادك إن تلوّنت جمراتها
فإنها نار بلا رماد..

عظة ثائر!

أخي..
تعيّرني بالفقر وهو فخار.
أنا فقير المال والحال
ولست فقير الإرادة..

أنا الدفق الغائر
أنا السيل الجارف
أنا الرافض
أنا الثائر..
أنا المحبة التي تخلق الأبطال..

ما كنت لتفهمني يا أخي..
لأنك تعيش هناك في القصور،
وفي القصور..
لا تولد البطولة!
فتعال إليّ في كوخي الصغير

لتعلم من أنا.
أنا فقير المال والحال
ولست فقير الارادة..

إن النور الذي يخرج أحلامك
من ظلامها،
هو نور محبتي.
فلماذا تحطم قنديلي المنير
بفأس كراهيتك..؟

لماذا تنثر الكدر في حقل أيامي..؟
أما علمت أن السموم
قد تنْقَلُ
على جناح الرياح
إلى حقولك
فَتُفْسِدُ زرعك وزرعي.
وإن كنت تسخر من حقلي المتواضع
فاعلم..

إن عطاءه كبير وإن كان صغيراً
وإن الثمار التي يجنيها قطافي
ليست لتندثر في مهبّ الريح
فقد تردّ ألم الجوع عن معوز ضعيف..

إن عطائي الذي جبل
بدم الجهاد وعرق النضال،
لا تقوى عليه الرياح إذلالاً..
لأن المحبة سلاحي
والايمان قوتي
فأنا فقير المال والحال
ولست فقير الإرادة..

كيف تخضع للحق
وأنت تهلل للباطل ؟
كيف ترقص للحرية
وأنت مكبّل بقيود البغضاء ؟
والأحرار يحبون ولا يبغضون..

تقول محبة..
وما أحببت يوماً غير ذاتك
تقول سخاء..
وما سخوت إلا حباً بالظهور
حق عبادة الله،
فإنك تظهرها
خوفاً من عقاب الآخرة..

فلا إيمان لديك يا أخي
ولا أمان..
لقد آلمني حالك
واحتقرت المال الذي يذل النفوس
وانشرحت
لحالي المتواضعة..
فأنا فقير المال والحال
ولست فقير الإرادة..
أخي.. إن الحياة لمن عملوا
في سير الحياة.

وإن فرحك..
إذا لم يكن حصالة عطاء ومحبة
فهو أشبه بسحابة دخان
سرعان ما يتبدد.
والحياة فرح أبدي
لأنها عطاء ومحبة.
ومن لا يسير في مواكب الحياة
فهو غريب شرود
يسير من زوال إلى زوال..
وما أتعس أن يتحسس الانسان زواله،
فهو كالميت غير المدفون..

غداً..
وإذا ما غربت شمسك يا أخي
وجف الينبوع
الذي تستقي منه فرحك،
لا تحمل سراج الكآبة بحثاً عن الفرح
في ليل الدموع،

ولا تعجب! إذا ما فتشت عني
ووجدتني
في كوخي الصغير
"دمعة حائر"..
لأعطيك من ماء محبتي
ما يروي وما يشفي.

سيظلّ قلبي ينبض بالمحبة،
فأنا فقير المال والحال
ولست فقير الإرادة..

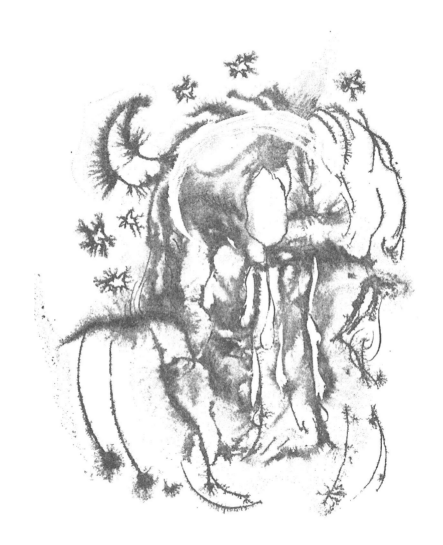

شمعة ساهر!

معلّمي..
يا خلجة طاهرة
وجذوة باهرة
تبعث في القلب دفئاً..

يا أعذب من حلم
وأبعد من خيال..
أنت فرحة متراقصة
على جفن الوجود
ورنّة مترنمة في اذن الخلود..

يا صانع التاريخ
برسالة من نور
أنت على لسان التاريخ
أسطورة خالدة.

يا خالق الأجيال
بسحر من معرفة
أنت على فم الأجيال
أنشودة حالمة.

يا منقذ النور من الظلام
والحق من الهلاك
أنت للكون مصباح
أضاء مجاهل الوجود..

علمتني أن ألبس رداء النور
حداداً على الظلام..
وأن أنتصر للحق في محكمة الأيام..

علمتني أن أكون زرّاع محبة
في حقل الأجيال
وعدّاء في ميدان المعرفة.

علّمتني أن أحيا الفضيلة
عملاً لا قولاً
لتنتصر الفضيلة في الحياة..

بسيفك..
ضربت أشباح الجهالة
والظلمات،
وكنت لي أنت
"شمعة ساهر"
تسامرني على الطريق..

وإذ سلكت درب الحياة
فكنت تتراءى لي أنت
في أقدام كل مغامر
وفي وثبة كل ثائر،
فعرفت.. أنك النبي
الذي سطّر يراع الزمن خلوده..

معلمي..
يا من شقّ الطريق
إلى العلاء والصرود..
إن إبداعي هو بعض من زادك
وانتفاضتي
بعض من ثورتك..

انهل من العلم ولو مقدار ذرّة
فإن العدم ليس أفضل منه..

هكذا قال المعلّم..

مقبرة الطموح..

أيها السائرون في مركبة الطموح،
لا تركبوا بحر الغرور
إن الغرور مقبرة الطموح..

إن مرارة التواضع
تثمر الحلاوة والراحة
كما تثمر حلاوة الغرور
مرارة وشقاء..

فلا يسرنّكم
أن تصوّبوا إلى الأطيار
سهامكم
والى الأزهار مناجلكم..
فمن أين لكم
تغريد
بغير شدو البلابل
وعطر
بغير أريج الرياحين ؟

دعوا الأطيار تشدو،
ففي شدوها
فرحة للسامعين..
واتركوا الأزهار تنمو،
ففي سحرها
متعة للناظرين..

لا تلعنوا الفاسقين
إن فسقوا
والكافرين إن كفروا
وهل أحق من هؤلاء
برحمتكم..؟

عجباً تلعنون الضالين
زهواً
والكافرين شماتة.
فمتى كان للعليل
أن يداويَ مريضاً

وللجاهل
أن يكون هادياً مرشداً ؟

وإن ادّعيتم عدلاً
فاعلموا أنه مهما عدلتم..
فلن تكونوا أعدل من السماء..!

فما صيّر القاتل
مجرماً
غير القتيل..
وكان الواحد ضحية الآخر
فاستحق القتيل رحمة
والقاتل رأفة..

فإذا رغبتم
أن تجمعوا ما في الأرض
من ذهب ومال
فقد يكون لكم..

أما رقاب الناس،
فلا يملكها إلا ربّ الناس..

أيها العابثون بمشيئة الله..
لا تقربوا أوكار الظلام،
ولا تواكبوا
قافلة الضباب
إن كنتم تقصدون النور..

واعلموا
أنكم تسيرون في نفق من الضلال
لن تهتديَ فيه قلوبكم
بغير ذكر الحق!

وإن ذكرتم الحق في أنفسكم
فإنكم سترشدون..

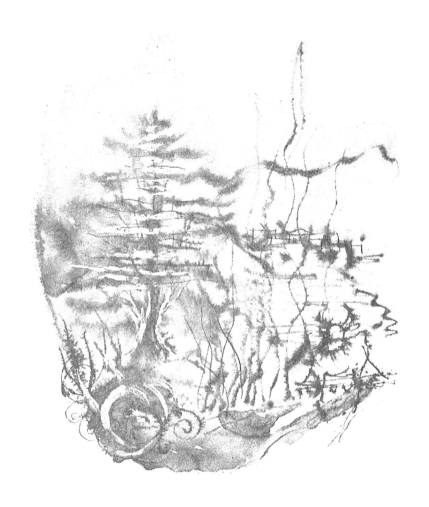

أبعد من حلم..

وطني..
يا أبعدَ من حلم عذوب
وأصدقَ من خيال جموح
وإنشاد شاعرٍ
بين الخرائب والبيادر..

يا وتراً..
أهدى الوجود ترانيم سحرية
وأملاً..
تعدّى الحدود
وصاغ مجداً للخلود.

يا أنشودة الآمال على فم الأجيال..
للحرف كنتَ وفياً
وللعزّ كنت فتيّاً
وكنت للأوطان هداية..

يا أغرودةً..
تراءت للعندليب حلماً
فاستفاق شجياً..
أنت صلاتي
مع انطلاقة العبير في الصباح
ورجائي
عند همس السواقي
في المساء..

يا وطن الطهارة والقداسة
أنت للخاشعين بسمة
وللضارعين رحمة.

ففي أحضانك
تفتحت قرائح المفكرين
وفي ظلالك
استفاقت أرواح الأنبياء

لتعانق الأرض بدفء نورها
ومحبتها
وحملت أنت مشعالها..

وطني!..
نفحتك السماء روحاً للدنى وطناً
زاخراً بالمحبة
وعابقاً بالطيب..
وإذ أنا حملت رسالتك
فلأبثَّ العالم
الذي يتنشق غبار الموت
نفحات الأمل والسلامة..

أنا على ترابك قد ولدتُ.
وفي ربوع معبدك
تنشقت عبير الايمان!
فشبّ قلبي مارداً..
زوبعةً في قلب الزمان..

يصعّد مع كل خلجة
زفرة البقاء..
فأنا لن أكون لنسور الذل
فريسة!
إن حوّمت فوق رأسي
مزمجرةً،
أنا قد دفنت الموت
عند أقدام الحياة..

وطني.. لا تجزع
إن هدّدتك رياح الشقاء
وعواصف الضياع
فإن وديعتك في عروقنا
لن تستحيل مياهاً..

وتسألني
كيف تبنى الأوطان
فأقول لك: وهل تبنى الأوطان

بغير المحبة..؟
أخي في كل دار..
كن صورة وطنك أين حللت
وكن ذلك الوتر الرنيم
إلى الأبد..
ولا تكن قصبة خرساء.
فتلك سوف تمسي رماداً
ولن تلطف بها ألسنة النيران..

لمَ أحيا..؟

لمَ أحيا ؟
إن لم أكن للحق راية مشدودةً
وعاملاً يدفن النفاق
في بئر الفناء..

لمَ أحيا ؟
إن لم أقطِف من الجرِد
ثماراً
ومن غصون الرمضاء
زهوراً..

أو ليس للورد بين الشوك
مضجع
وللنار في حمم الرماد

مرقد
وللنور في أحشاء الظلمة
مقعد..؟
فإذا لم أنتزع من الشوك
عطراً
ومن الرماد ناراً
ومن الظلمة نوراً
فلمَ أحيا..؟

أفضل الجمال
أن تخلق أنت الجمال
فتجعل من خريف الأيام
ربيعاً أخضرَ
أو تشعل في ظلمة الأكدار
قنديل خلاص..

أفضل الجمال
أن تصوّر القبح جمالاً..

لمَ أحيا ؟
إن أنا خلعت رداء المحبة
ورحت بالشرّ
أصارع الشر مستميتاً..
فالمحبة لا تنتصر
بغير المحبة
كما لا يبصر قاتل النور
إلا بذلك النور..

إن لم أحطّم قيود السهو
لأعبر جسر الضياع
تمرداً..
وإن لم أقتلع شوك الخمول
لتنموَ نفسي عزماً..
فلمَ أحيا ؟

لمَ أحيا
إن أنا سلكت السهل

درباً للعلاء..
وهل بغير توقلِ الجبال
أبلغ عرش القِمم..؟

لمَ أحيا؟
إن أنا استسلمت للمكر
مختاراً
لأصون ذاتي..
فإن الحق لا يصان
بغير الحق
كما لا يُدرك العزيز
بغير العزة..

لماذا نطرب
لنواقيس النهار
وكأن..
ليس في صمت الليالي
ما يطرب..؟

أفضل الناظرين
أعمى!
فهو يبصر بعين الله..
وأطرب السامعين
أصمّ!
فهو يصغي لصوت الله..
وأفصح المتكلمين
أبكم!
فهو يحدّث بروح الله..

فإن لم أبصر بعين أعمى
وأسمع بأذن أصم،
إن لم أحدّث بلسان أبكم،
فلمَ أحيا..؟

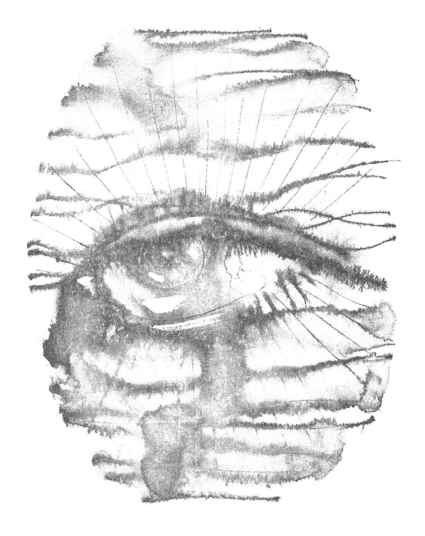

جمال اللّه..

لا تتسلقوا الجبال بحثاً عن الجمال،
فالجمال
لا يتربّع على عرش القُنن..

ولا تسعوا إليه على بساط السهول..
ليس للجمال مضجع بين الحقول..

ولا ترقُبوه في سيل الأنهار..
ليس الجمال ذرةً في مجرى المياه.

ففي شموخ الجبال، يكمن
جمال العظمة
وفي استواء السهول
جمال التواضع
وفي دفق المياه جمال العطاء..

فلا ترهق النفس بالتفتيش
عن الجمال،

فإنه يسير إليك أين حللْت
إذا ما بلغت قلب الحياة..

إذا ما هَمَسَتْ في أذنك
نسيمات السحر
قل هو الجمال في السحر.

وإذا ما ترنّم قلبك
لصوت الجدول
قل إن الجمال سيل الجدول.

وإذا ما شدا البلبل
لحن الوجود
قل هو الجمال شدو البلبل.

الوجود نعمة وفيه جمال الحياة.
والموت حق
وفيه جمال اللقاء،

أسمى الجمالات
إذ تسعى النفس إلى خالقها
هناك..
على حافة نبع الجمال.

الجمال حقيقة
استوى فيها الموت
كما الحياة..
فكلاهما للجمال ملاذ..
والجمال الكلّي
هو الحقيقة الأزلية في وحدانيتها..
هو جمال الله..

فلا تذهبوا
إلى مواطن الظلمة
بحثاً عن النور
ولا تغرقوا في لجج الغرور..
لا تتنشقوا غبار الجحود

وتتنكروا
لألوهية الجمال..

بل مجّدوا الجمال
واتخذوه ديناً
إن الجمال دين العقلاء..

اذكروا الجمال أينما حللتم!
إنه منبع فرحكم
وفتنة تأملاتكم..
فتوبوا إليه واستغفروه..
وإن استغفرتم الجمال فإنكم
على درب الحق لسائرون..
فالجمال هو ظل الله على صدر الوجود..

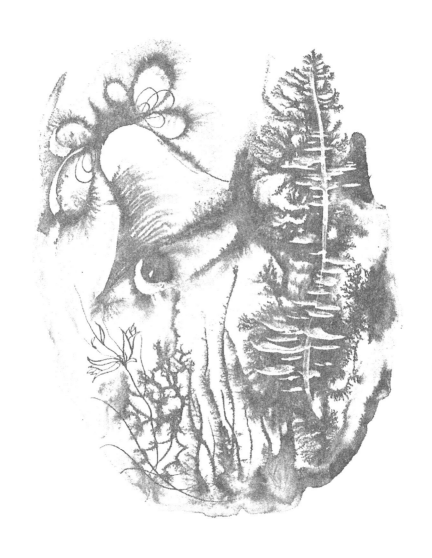

أجراس العيد..

تعالت الأهازيج
في كل دار
وتعانقت الأصوات
في كل سماء
ودُقت أجراس العيد..

فاختلط النواح بالزغاريد
وارتجفت البسمة
على ثغور العابسين
وانتشى العيد
بين راقص ضحوك
ويائس مهزوم..
فلمن تدق أجراس العيد..؟

كيف تُطلق الزغاريد
ونواح الحزانى يضج في الآذان
سقماً وعياءً..

كيف تعلو البسمات
وقناع العبسة يحبس الوجوه
هلعاً وحرماناً..
أيضحك مكدور
ويرقص مفتور
ويهلّل مكسور؟
فلمن.. تدق أجراس العيد؟

أوَ ليس العيد أن يهزم الجفاء
في قلوبكم
فتتحولوا..
من صانعي تباعد وخصام
إلى صانعي تقارب ووئام..؟

وأن تدركوا جمال العطاء
فتفجروا ينابيع المحبة
في نفوسكم
لتزدهر وتنتعش قلوب البائسين..؟

أوَ ليس العيد أن تذهبوا
إلى فقراء الأعياد
فتعلموا الغناء للبكم
والرقص للمعقدين..؟
أوَ ليس دفق النهر من سخاء النبع
وعظمة الشجرة
من صلابة الجذع
وجمال النور
من عطاء المصباح..؟

هكذا أنتم..
إن لم يكن سخاؤكم كالنبع
وصلابتكم كالجذع
وعطاؤكم كالمصباح،
سوف يجف سيلكم
وتذبل عظمتكم ويشح نوركم..
وأي عطاء أجمل من عطاء
يوم العيد ؟..

إن أعيادكم..
إن لم تكن ثمار أفعالكم
ونتاج عطائكم
فإنها تجلب لكم الشقاء
إذ لن يكون للفرحة عيد في قلوبكم..
كونوا أنتم
أعياد البائسين وأفراحهم
وبسمات الدامعين وضحكهم
ولا تعجبوا.. إن دقت الأجراس
في كل يوم
فسوف يكون لكم
في كل يوم عيد..

أغفري لهم أيتها الأرض..

اغفري لهم أيتها الأرض..
إن جعلوا منك
حقلاً لنثر السموم
وزرع الضغائن.

اغفري لهم..
إن فتتوا براعم محبتك
بأنامل حقدهم
وجرّحوا ورود عطائك
بشوك كراهيتم.

اغفري لهم أيتها الأرض..
إن جعلوا من ربيعك الزاهي
خريفاً أسودَ.
فإن توطنت الغباوة
بصائرهم
والغشاوة ضمائرهم
فإنهم لجاهلون..

ما جال فكرهم أو جنّح خيالهم،
إلا في إطار مواهبك الخصيبة..

وما كانوا ليصارعوا الحياة
ويثابروا،
لو لم تخلقي فيهم
عناد الصراع..

وما كان لينقشع ليلهم
لو لم ترسلي في ضمائرهم
خيوطاً من نور..
وما اطمأنوا إلى غدهم
لو لم يلقوا فيك أمل البقاء..

أيتها الأرض المعطاء..
اغفري لهم
إذا ما عبثت بهم أشباح الغرور
وتجبروا

فما كانوا لو لم تكوني
وانهم لا يعلمون..

جابت حقولك أقدام جائعة
فأكلت وهنئت
ورمتك بحجارة النكران
وما زلت تطعمين..

ملأوا حدائقك
أغراس نميمة وبذور حقد
وجنوا منها
قطاف تسامح وثمار محبة
وما زلت تغلين..

رشقوا وداعتك بسهام رذائلهم
فتقاتلوا وتنافروا
وكذبوا ونهبوا
ولم ينضب ينبوع عطائك

فما زلت

بالمحبة تنبضين..

هم يلعنون ويدنسون

وأنت تباركين..

طربوا لأهازيج فراغهم

وهللوا..

ولكن الجلجلة التي تحدثها نفوسهم

ليست لترسل دوياً.

وإن في صمتك ليدوّي

صوت البقاء والخلود..

فما أعظمك مثالاً يقتدى

وخيراً يرتجى:

علّمي الناس من صمتك

نشيد التواضع

وإنما الصمت ينطق بسلطان!..

علّميهم أن يكونوا أحراراً يصفحون
وإنما الصفح للأحرار!..

علميهم أن يسلكوا درب المحبة
فالمحبة طريق الأبرار إلى السماء..

اغفري لهم أيتها الأرض
ما يفعلون..
إنك العطاء الذي لا حدّ له.!

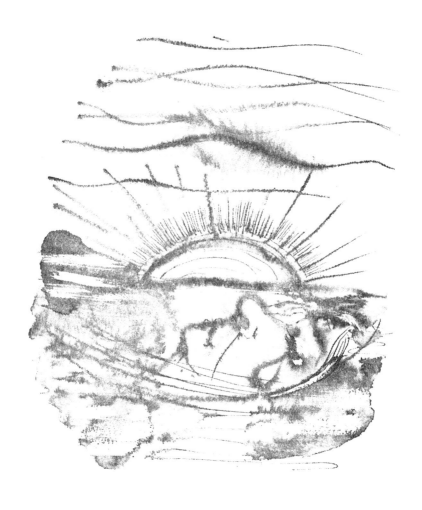

أمل لا يموت..!

لا تذرفوا الدمع

حزناً

على الأمل الذي مات،

لقد كان ضحية جهالتكم

وأنتم لا تعلمون..

ولا تحبسوا الأنفاس

تحسراً

على الأمل الذي غاب،

فما كان ليرحل لو أنكم تستحقون..

كان لضلالكم نور إله

يضيء ظلام نفوسكم

فثار الغرور في أعماقكم

وأغمضتم جفون ضمائركم

وتواكلتم..
فغاب عن بصيرتكم
ضياء ذلك النور..

وكان لجهالتكم سفينة خلاص
ترسو على شاطئ ذاتكم..
فاستحللتم رحابتها
وأثقلتم حمولتها،
فهوت السفينة ورحتم تنوحون..

كان لقلوبكم
ثمار فرح، وغذاء محبة
فرميتم الثمار وأنكرتم الغذاء..

وكان لروحكم
رسالة وجود، ورنّة خلود
فمزقتم الرسالة
وتلاشى في آذانكم

صوت الخلود..
فأبيتم إلا وأن تلعنوا الأقدار
ورحتم تنحبون
ليت كنتم تعلمون..

لا تبكوا الأمل يأساً
واستسلاماً
بل فتشوا عنه في ذواتكم
إن فيكم كل خير وجمال..

ولا يغرّنكم غزو السهول
ففي تسلق الجبال
تكمن عظمة الصمود..

فإذا ما نضجت براعم الأمل
في ذاتكم
فإنها ستزهر محبة
وستثمر عطاء.

وفي هذا فرحكم الكبير
مع قيامة جديدة وبزوغ فجر جديد..

لا تذرفوا الدمع
على الأمل الذي غاب
بل ارقصوا وهلّلوا
فرحاً وطرباً
لأن الأمل
سيبعث في كل ضمير
من ضمائركم.

وارفضوا استبداد الخنوع
إن حاكوا لكم من الظلام
ثوب حداد..
إن انغماس النفوس في متاهات الظلام
يؤخّر بعث الأمل..

لا تستجدِ المياه من السراب

ولا تتمنّ السكينة
في مهبّ الريح
ولا تطلب الدفء أيام الصقيع
فالدنيا!
بعد كل شتاء فيها ربيع..

لا تذرفوا الدمع
على الأمل الذي غاب
ففي كل يوم
أمل يولد وأمل يموت.
وسأظل أنتظر اليوم الذي يولد فيه
أمل لا يموت..!؟

الفهرس - 1

الإهداء 7

رسالة الأديب ميخائيل نعيمة..........................9

الأبله الحكيم وميخائيل نعيمة........................13

حكاية الأبله / تقديم جوزيف حنا.....................35

خالد حميدان.. الأبله الحكيم / بقلم مراد الخوري 41

المدرحية في "الأبله الحكيم"/ د. يوسف مروّه..............43

حكاية ذلك الأبله.......................................49

شجرة العطاء 61

قنديل المحبة..67

إفتح نافذتك للنور.......................................75

الفهرس - 2

نار بلا رماد.................................83

عظة ثائر.....................................91

شمعة ساهر...................................99

مقبرة الطموح...............................105

أبعد من حلم.................................111

لمَ أحيا.......................................119

جمال الله.....................................127

أجراس العيد................................133

أغفري لهم أيتها الأرض...................139

أمل لا يموت................................147

المؤلف: محطات إعلامية واجتماعية

النشاطات الإعلامية:

- مؤسس ورئيس المركز الاستشاري للإعلام
- ناشر ورئيس تحرير مجلة "أضواء"
- ناشر ورئيس تحرير جريدة "الجالية" (2005 – 2015)

النشاطات الاجتماعية:

- عضو مركز الجالية العربية الكندية في تورنتو
- عضو مؤسس لجامعة اللبنانيين الكنديين
- عضو الاتحاد العالمي للمؤلفين باللغة العربية – فرع كندا
- رئيس سابق لمجلس الصحافة الاثنية في كندا
- رئيس سابق لرابطة الإعلاميين العرب في كندا
- مؤسس ورئيس مركز التراث العربي في كندا
- مؤسس ورئيس المهرجان الكندي المتعدد الثقافات
- مؤسس ورئيس رابطة المؤلفين العرب في كندا

الجوائز التقديرية:

من قبل الجهات الرسمية والأهلية التالية:

- رئاسة الحكومة الكندية الفدرالية
- رئاسة حكومة أونتاريو
- بلدية تورنتو الكبرى
- مركز الجالية العربية في تورنتو
- مجلس الصحافة الإثنية في كندا
- الجمعية الدرزية الكندية في أونتاريو
- رابطة المسلمين التقدميين في كندا
- رابطة الأطباء العرب في شمال أميركا
- الإتحاد العالمي للمؤلفين باللغة العربية - فرع كندا
- جمعية "عالم إنسان بلا حدود" – بيروت، لبنان

صدر للمؤلف

- كتاب "**الأبله الحكيم**"

الطبعة الأولى (1974) الطبعة الثانية (2009)
الطبعة الثالثة (2011)

- كتاب "**أصداء وأضواء**" (1978)
- كتاب "**كلمات بلا حواجز**"

الطبعة الأولى (2009) الطبعة الثانية (2011)

- كتاب "**أوراق حائرة**"

الطبعة الأولى (2009) الطبعة الثانية (2012)

- كتاب "**بيت التوحيد بيت العرب**"

الطبعة الأولى (2009) الطبعة الثانية (2022)

- كتاب "**الوصايا العشر**"

الطبعة الأولى (2011) الطبعة الثانية (2013)

- كتاب "**سقوط الجمهورية**" (2013)
- كتاب "**أقلام صادقة**" – الجزء الأول (2014)
- كتاب "**أقلام صادقة**" – الجزء الثاني (2014)
- كتاب "**يوسف مروّه**"

"**التبادل الثقافي بين الشرق والغرب**" (2019)

- كتاب "**سعيد تقي الدين**"

"**الفكر الحاضر المغيّب**" (2020)

- كتاب "**إضاءات**" (2021)
- كتاب "**وجهة سير**" (2022)

MW01359576